COLECCIÓN BERBIQUÍ

# MARÍA TORVISCO Y MARISA AMADOR

## FABRICABA ESPEJOS Y LAS CALLES SE MULTIPLICABAN

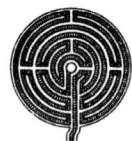

EDITORIAL CUADERNOS DEL LABERINTO
— COLECCIÓN BERBIQUÍ, nº43—
AÑO MMXXV

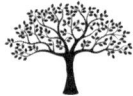

El papel utilizado para la impresión de este libro, fabricado a partir de madera procedente de bosques y plantaciones sostenibles, es cien por cien libre de cloro y está clasificado como papel reciclado.

Impreso por Copias Centro

Primera edición: Noviembre 2025

Depósito legal: M-25507-2025
I.S.B.N: 979-13-87751-11-1

Impreso en Madrid. España.

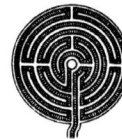

www.cuadernosdelaberinto.com

¿a quién?

a ellas                         a él
para Sabina y Candela           para Eduardo
por ser el principio            por ser *casa*
de todas mis historias


    M. Torvisco              M. Amador

# PRÓLOGO

## CUANDO LA ESCUCHA TREPA

Palabras que protegen, colores que gritan: eso es este libro.

Lector, lectora, estamos invitados al ojo de la metamorfosis, a cambiar el tamaño y reconocernos losa, sombra, continuidad. Los ingredientes son claros: ojo, adjetivos pequeños, sustantivos grandes y el tiempo para pensar/pensarnos en el lenguaje.

El baile entre fotografía y palabra es claro: abstracciones que María hace humanas, dotándoles de la posibilidad del verbo, entendiendo la atención que la cámara de Marisa advierte en las formas, dándonos nuevas siluetas que se asoman, robados de plantas, edificios desde donde el que es mirado pasa a mirar y, entonces, verse.

La hiedra murmulla en la imagen de Marisa y su runrún lo recoge María. *Seguiré creciendo, aunque se enrede mi retina*, nos dice la poeta reflejada en una naturaleza que, al margen de nuestra atención, continúa, plena y constante. Sabe mejor de aguantar la rama que un amigo, pienso al leer las imágenes y los versos de este poemario, saben las cosas mejor de la escucha.

El recurso es el mismo en ambas propuestas: mirar y mirar, decir y decir, pausar y pausar. No hay pretensiones, sólo testimonio y tiempo.

Como vasos comunicantes la conciencia humana pasa a ser de los objetos, de los animales, de aquello que normalmente está silenciado y ese silencio permuta en el lenguaje y alumbra al escondite para mirar libres de herencia, para mirar de nuevo y en este juego narciso, verse sobre, desde, en. Repta el lenguaje como repta el ojo de la cámara, parece que se dieran la mano para observar y encontrar los secretos o inventarlos.

En una especie de juego de mesa, María y Marisa se van pasando la bola de la atención y el extrañamiento, cae primero en la imagen, recoge la pelota el verso y van jugando el juego del lenguaje sobre el escenario del silencio y de la luz, que posibilita letras y fotografías y es protagónica a lo largo de todo el artefacto.

El ojo que ve y el ojo que dice construyen el pacto, otear desde donde no suelen, una posición área o matérica, ser parte de la piedra que consiente el camino.

Algunas de las palabras son grandes, pesadas, pero nos cuentan disfrazaditas como en murmullo, en un plano tranquilo y de voz queda. Porque los conceptos los conocemos, no es necesario sortearlos, sí lo es escuchar sin fuegos artificiales lo que no solemos permitirnos oír. La belleza que se canta la podemos tocar, hace pie y nos invita a jugar con asombro *rozar, como una niña, la huella de un pájaro blanco.*

Una se imagina a estas dos poetas andando, saltando la atención de una cosa a otra, tratando de recogerla y conservarla, haciendo de la mirada una excursión risueña y sonora, como un trago de agua pura que saliese del manantial mismo del sueño primero donde se inició el lenguaje.

Logran decir sin alzar la voz lo que no se puede decir: axiomas apoyados en el color, en lo fortuito del encuentro. Cada esquina, cada doblez de luz es sintomática para convocar al lenguaje, sea memoria o proyección, fallo o acierto o ese instante justo donde entender el cansancio de una grúa. Porque en este poemario a doble idioma entramos a la invitación constante de continuar lo que no está, el poema completo del que hemos robado versos, la imagen que sigue a la imagen que queda.

*aquellas hojas, aquel día, aquella sombra,*
*todo decidió equivocarse*

Se convierte así en una propuesta para indagar, para indagarnos y comprometernos: qué hay en la imagen que ves, qué en los silencios, cómo continuamos el diálogo, cuándo comenzaremos a escuchar.

ANDREA LÓPEZ MONTERO
Noviembre de 2025

palabras que se buscan
en ese viento de significados.

Palabras que se buscan
y siempre nos resguardan del asedio

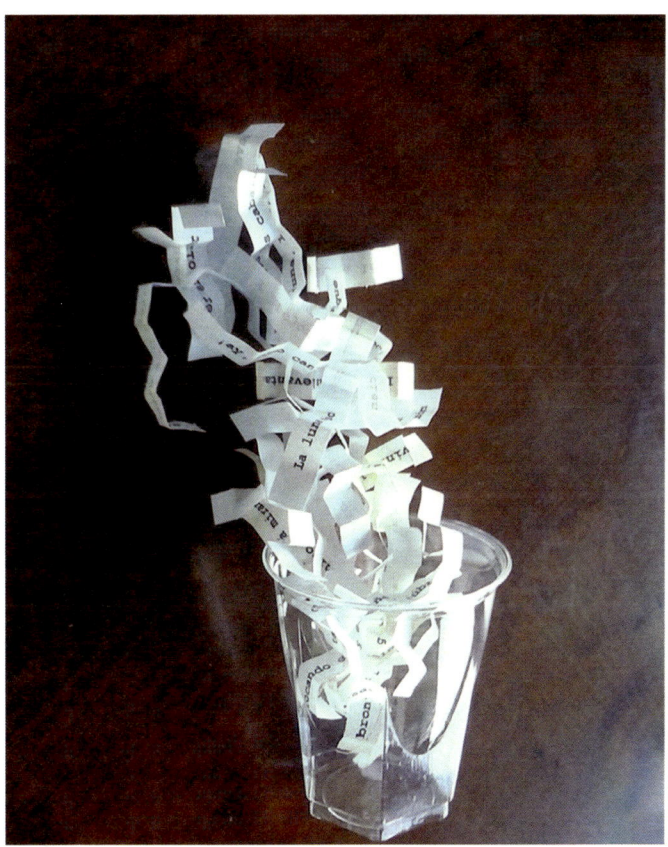

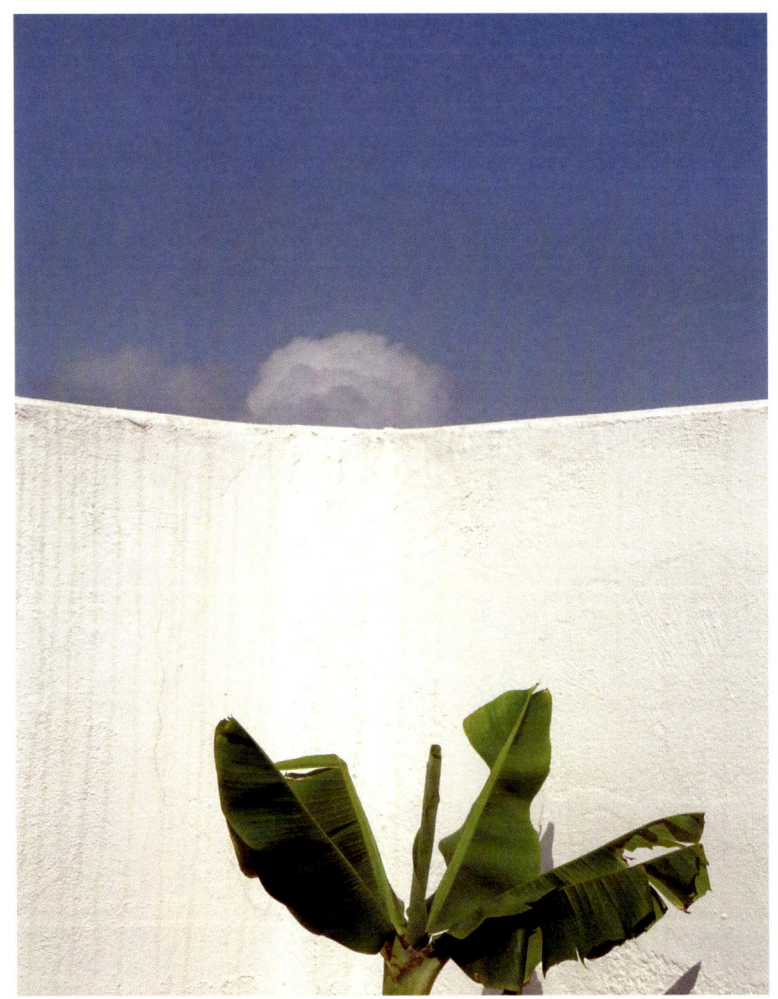

aquel día el blanco gritó
majestuosamente

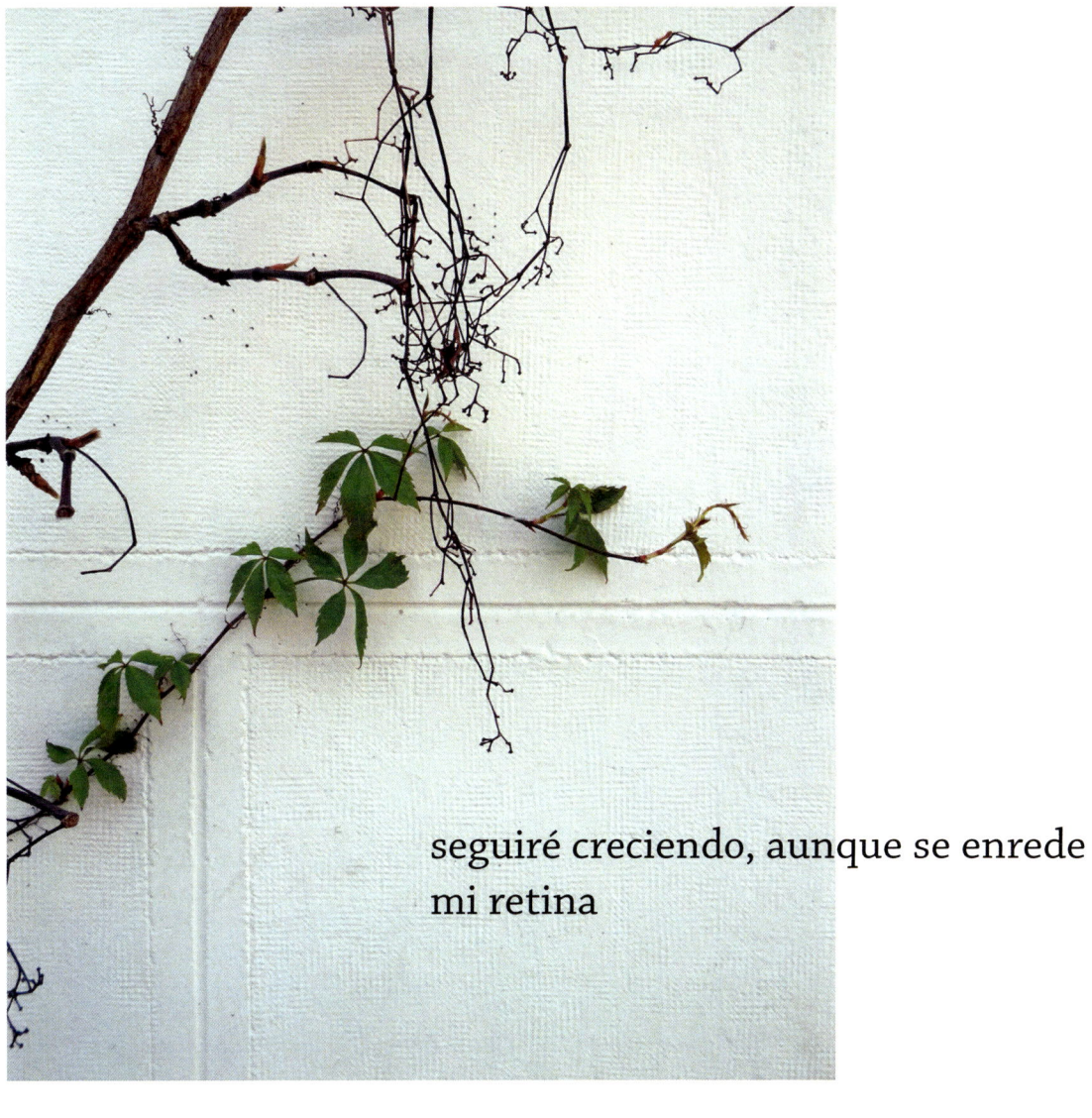

seguiré creciendo, aunque se enrede
mi retina

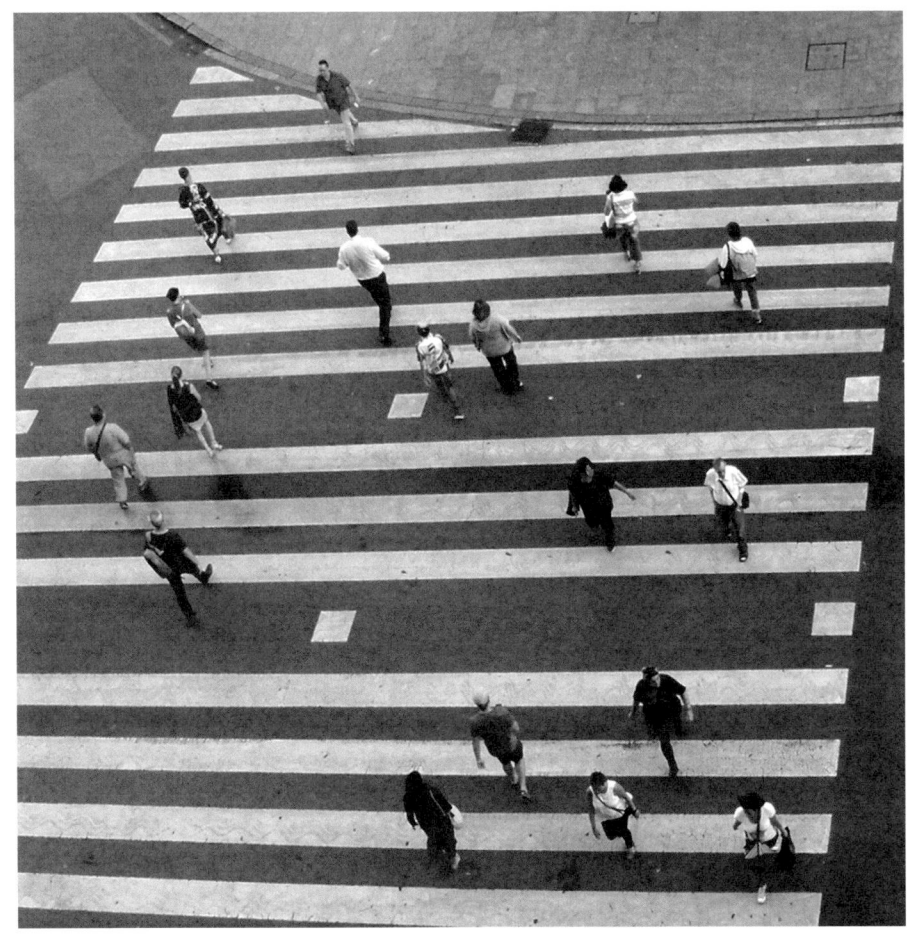

detener la mirada y descubrir
la grandeza del instante

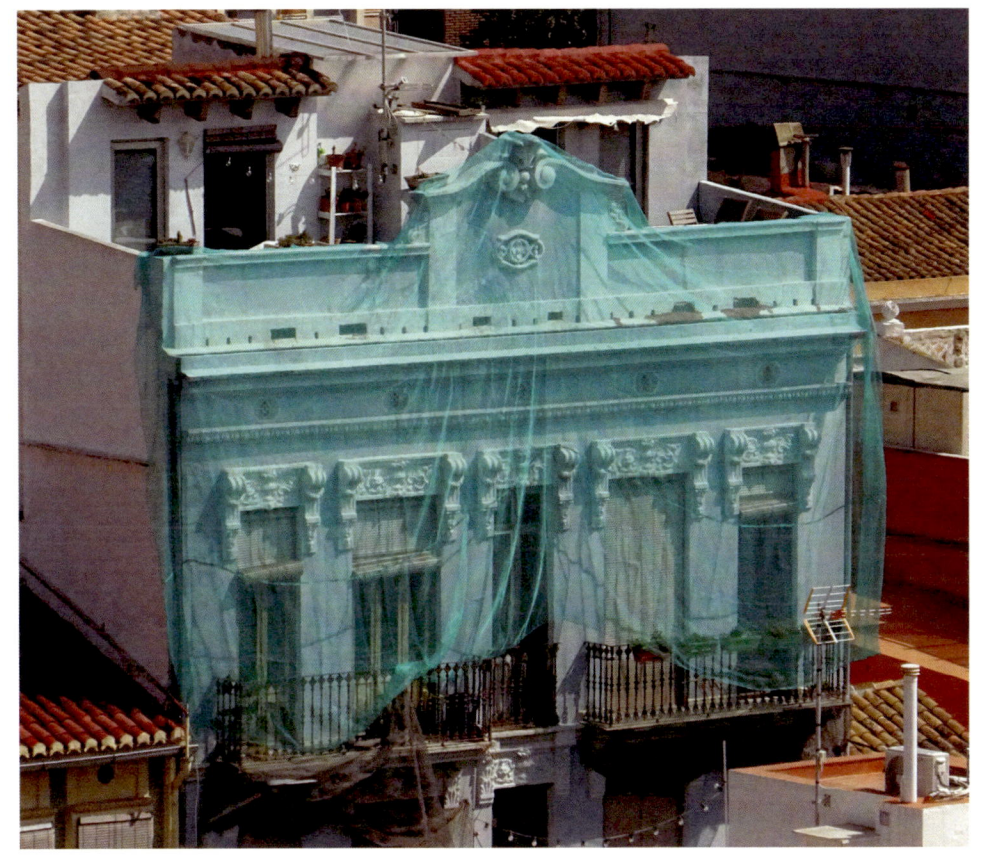

se ha parado la luz
y ha cubierto de azul nuestro presente

deconstruir el orden natural
cambiar la trayectoria de la luz
escuchar con asombro la belleza

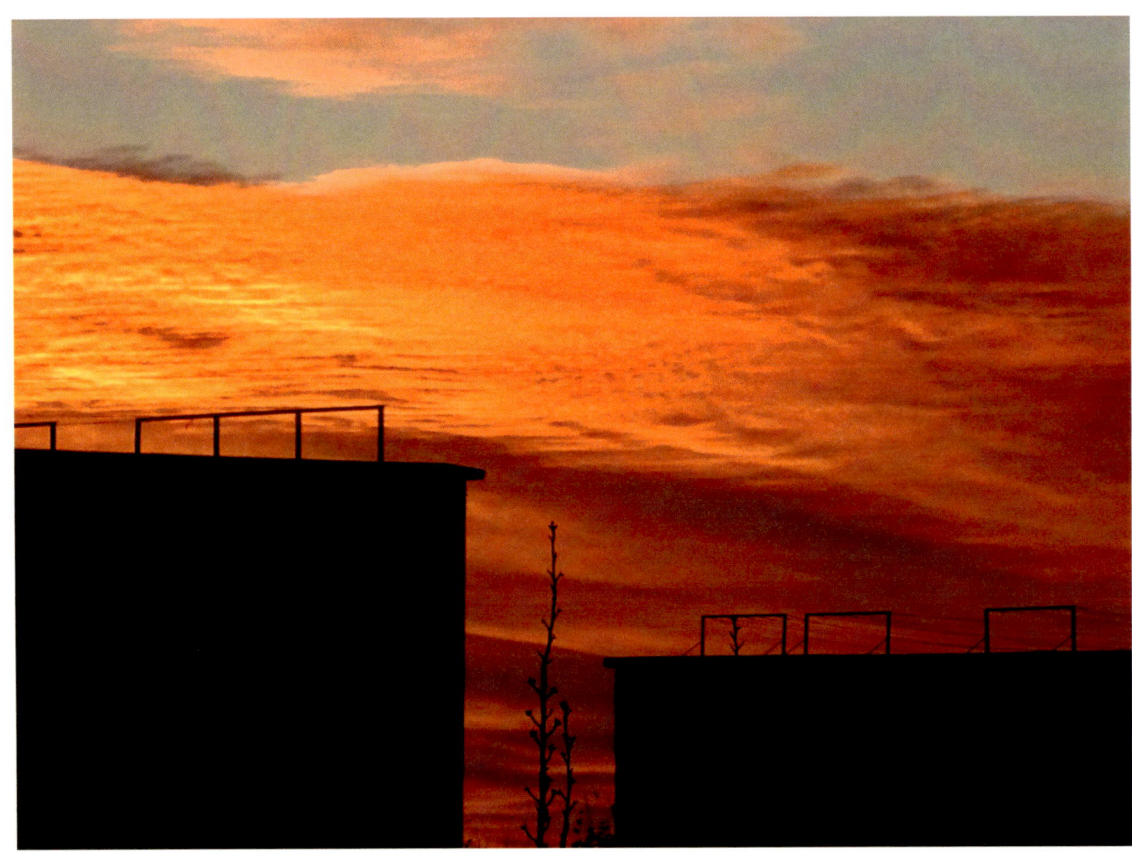

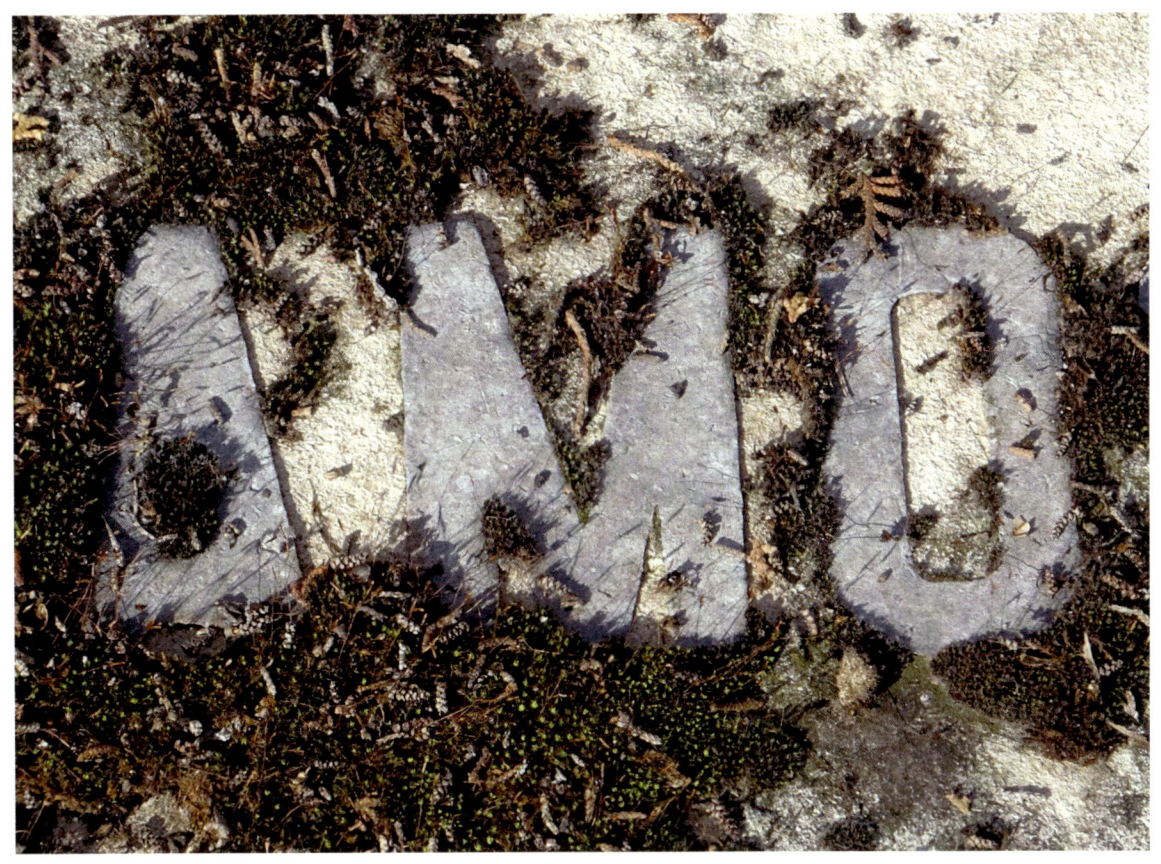

no está en el aire,
hay que buscarle siempre en la maleza

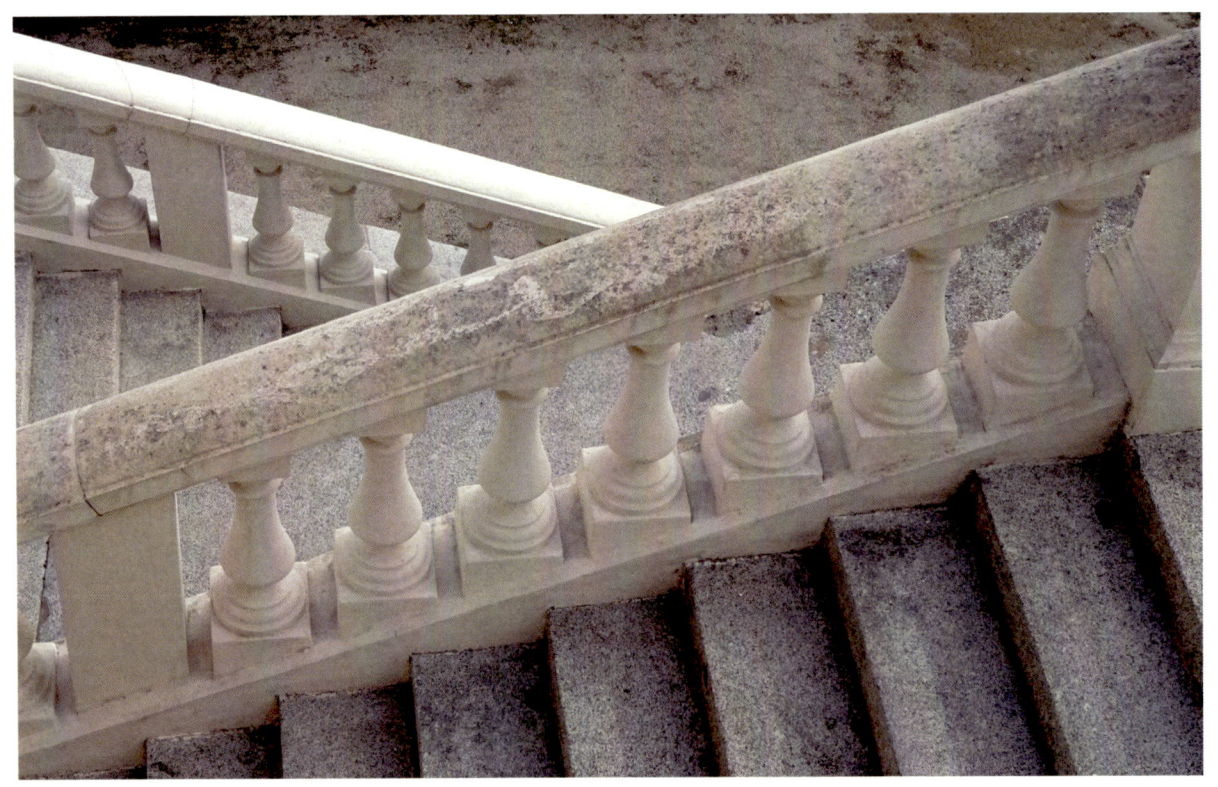

dejar que la palabra se desplace
que baje los peldaños
de esa piedra que llora por hablar

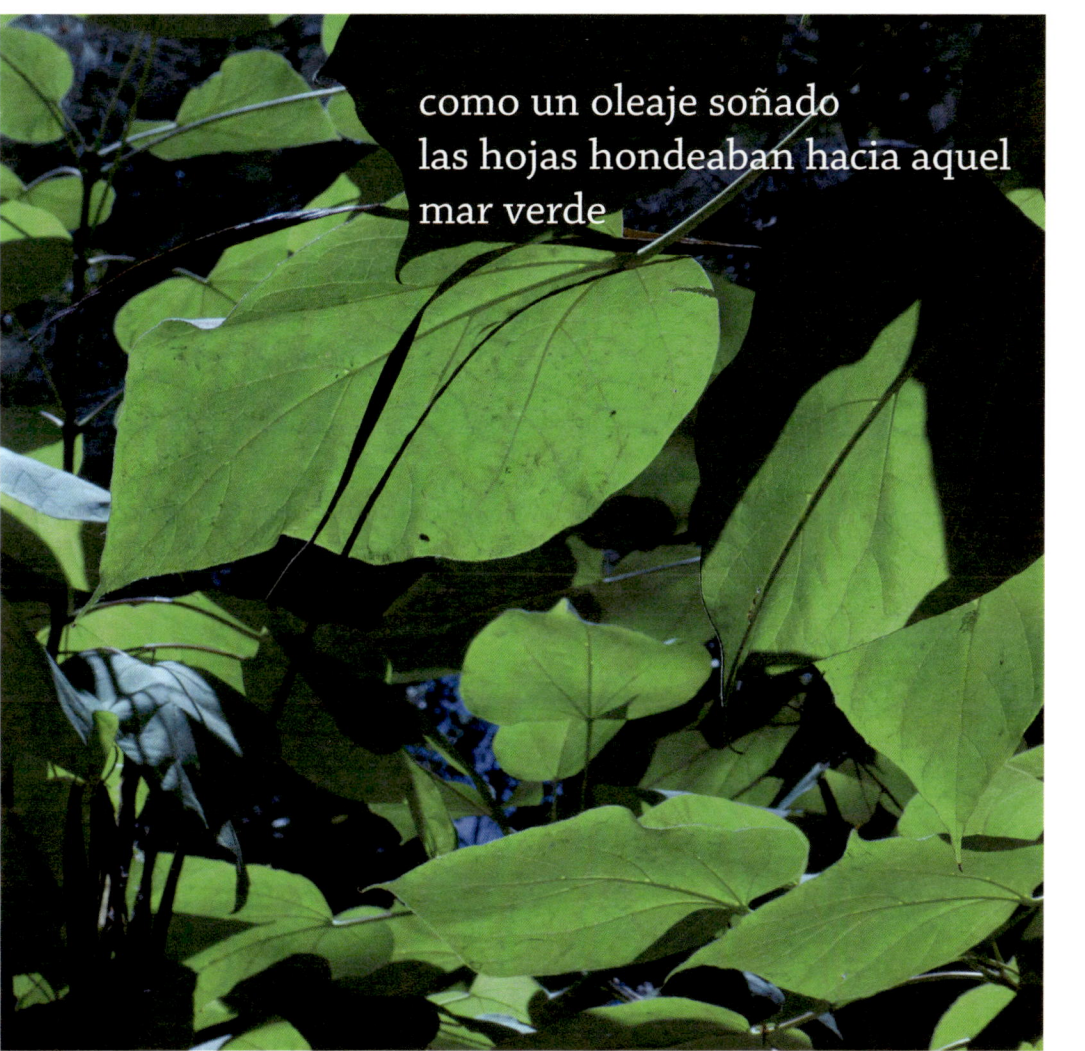

como un oleaje soñado
las hojas hondeaban hacia aquel
mar verde

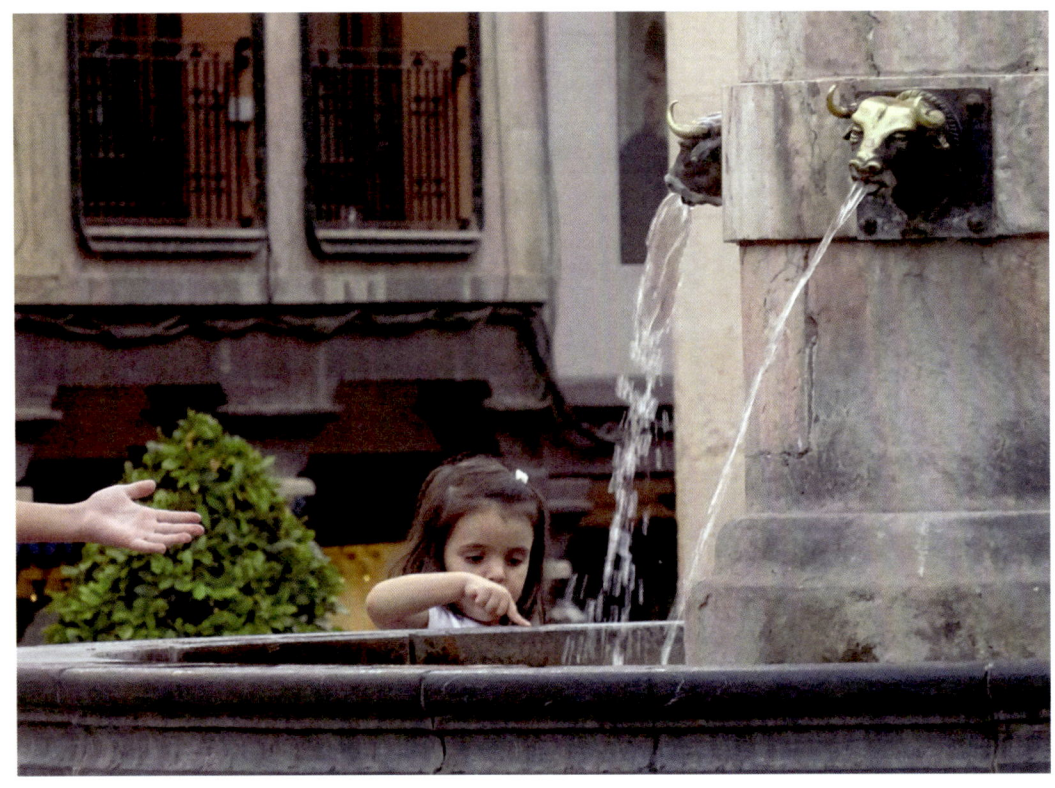

rozar, como una niña,
el aire que queda después del vuelo
de un pájaro blanco

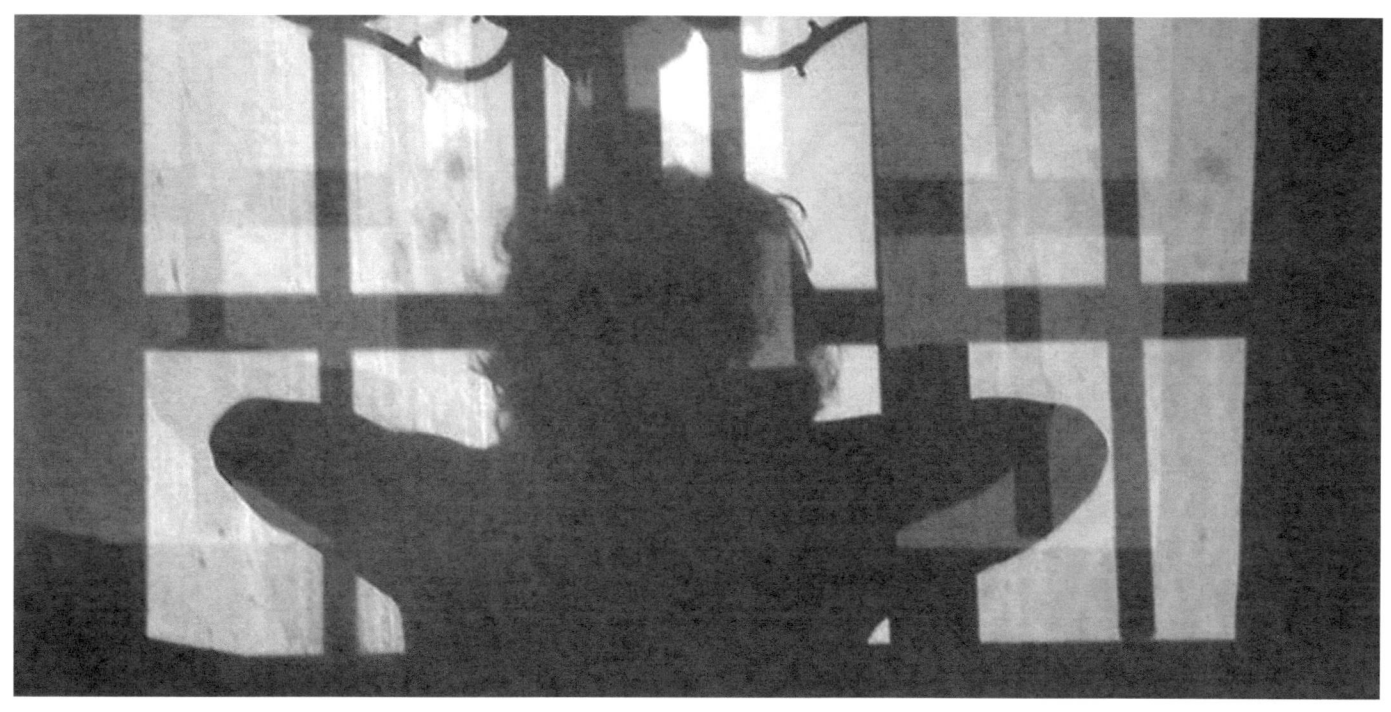

en el origen de sus ojos siempre
hubo una ventana y niebla donde
asomaba su sombra

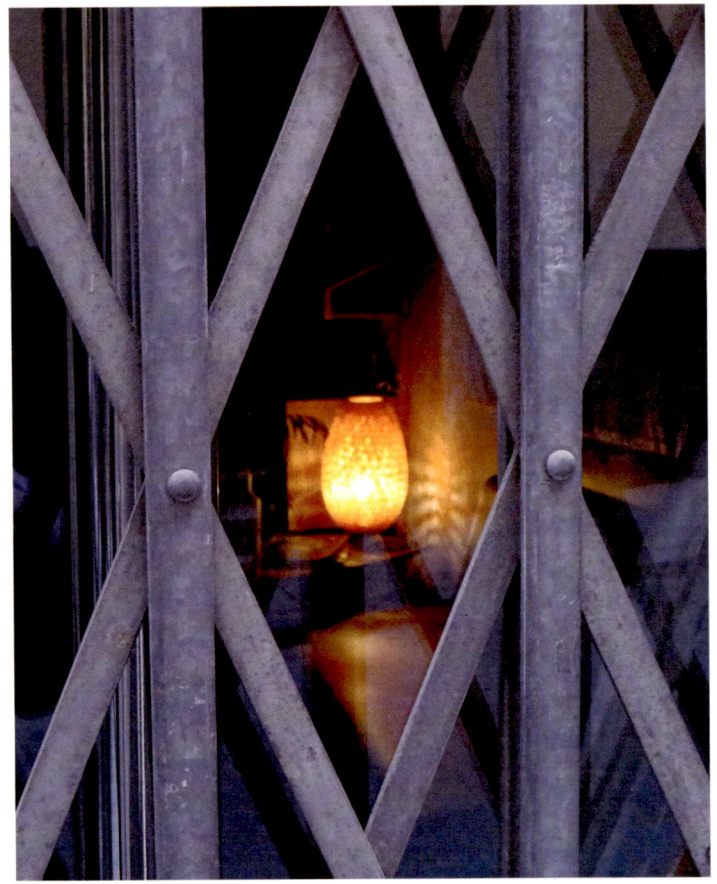

llegar a donde siempre se me espera
y conseguir de nuevo lo prohibido

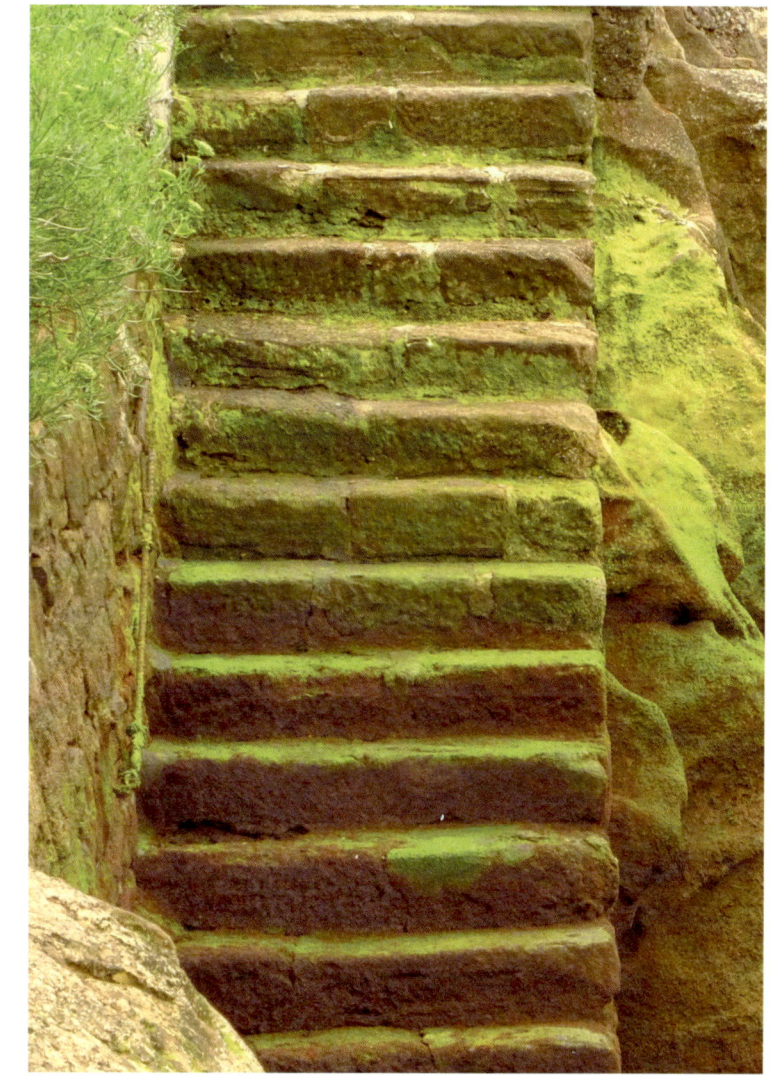

en la paciencia de la piedra habita
el origen verde de la vida

recuerdo la costumbre de sentarse
en una silla alta,
también el suelo con railes,
el color de la tierra,
pero no recuerdo quién era

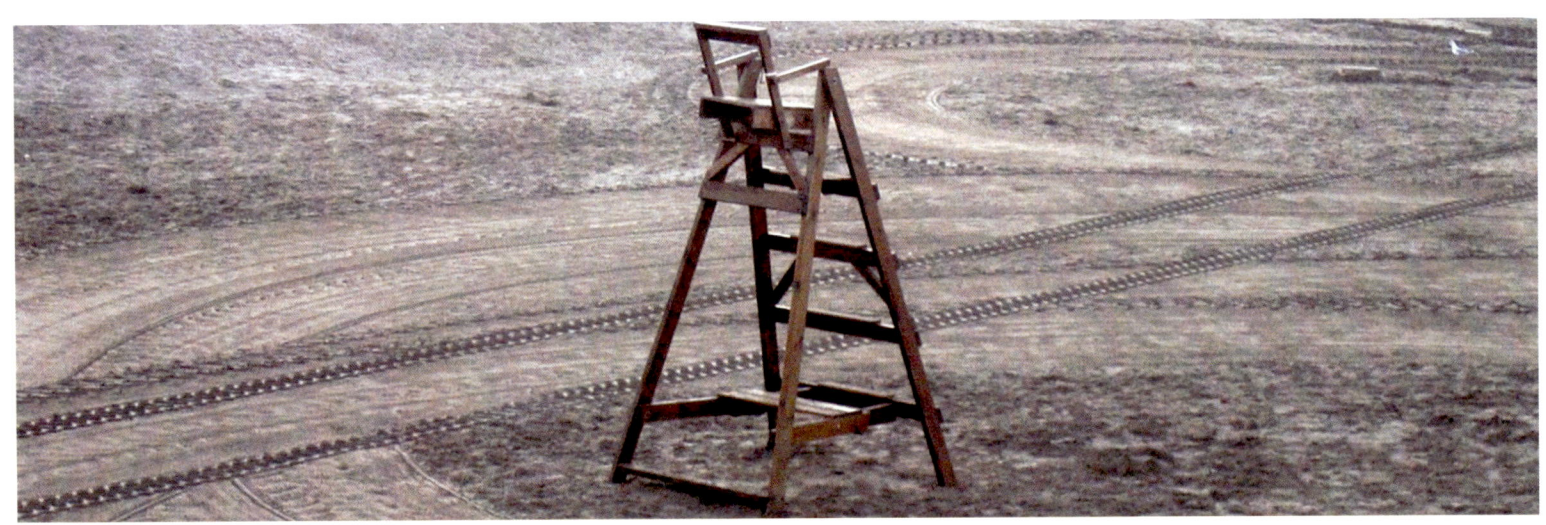

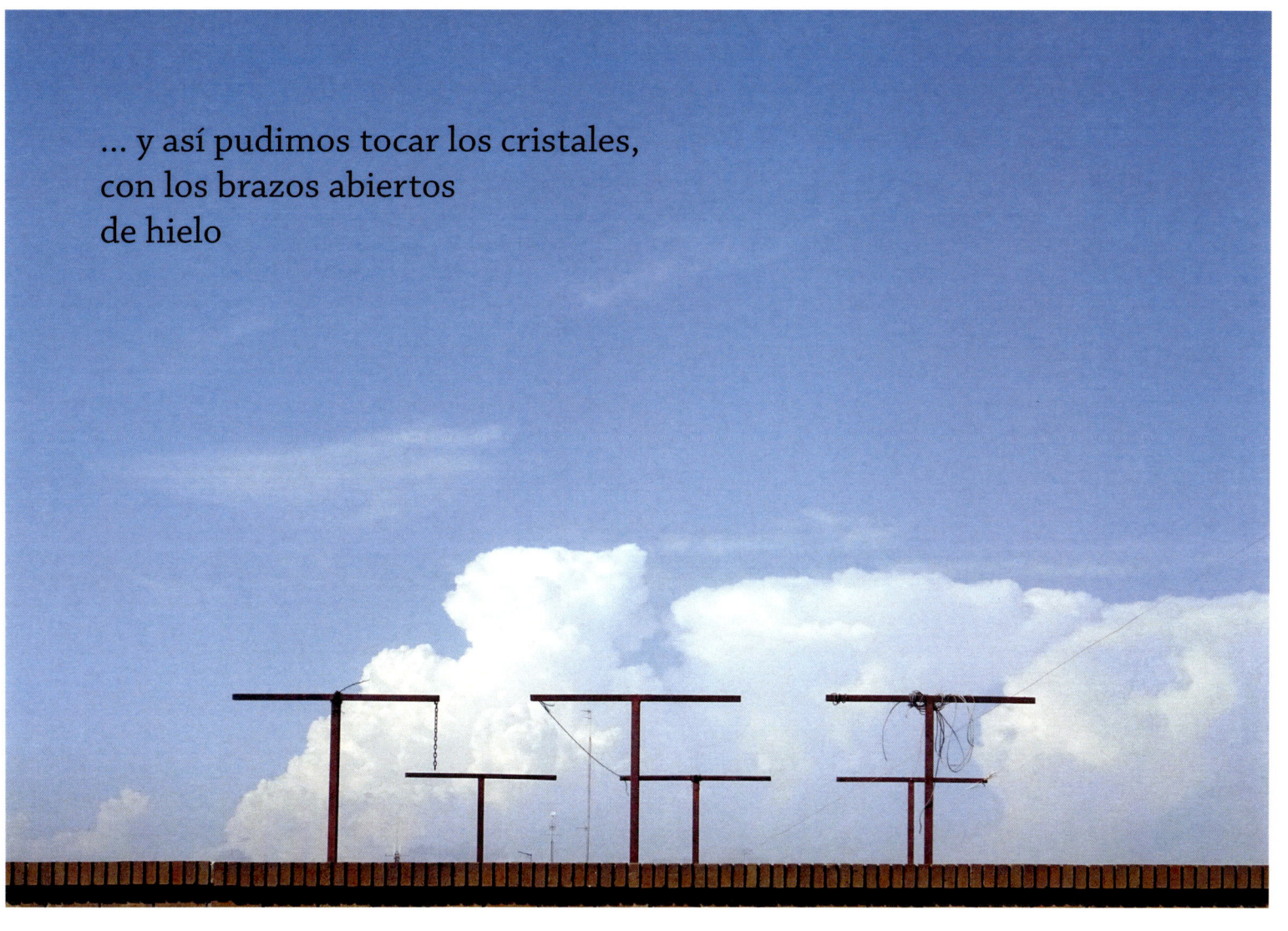

... y así pudimos tocar los cristales,
con los brazos abiertos
de hielo

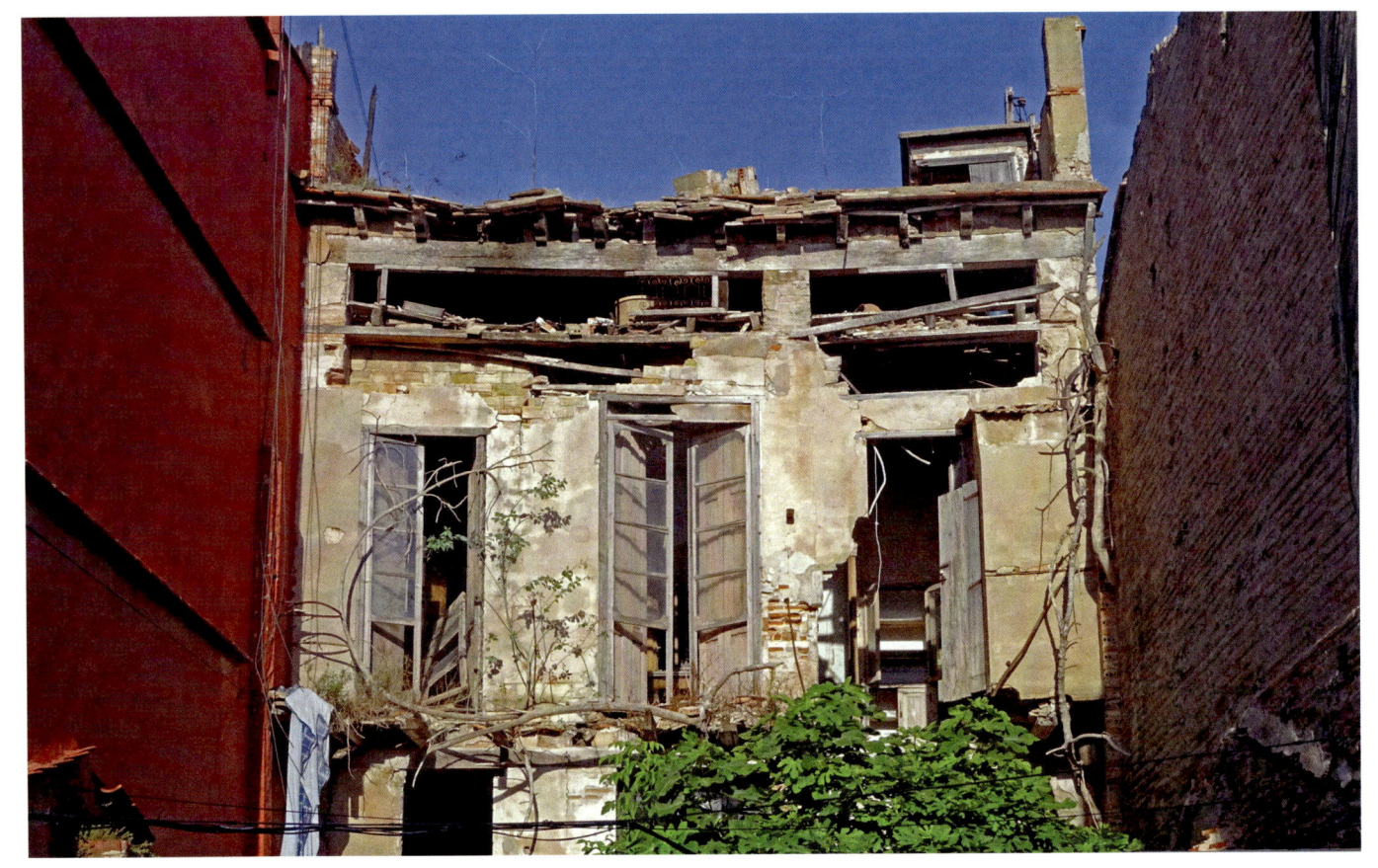

allí me iba siempre
a escuchar el susurro de la ruina

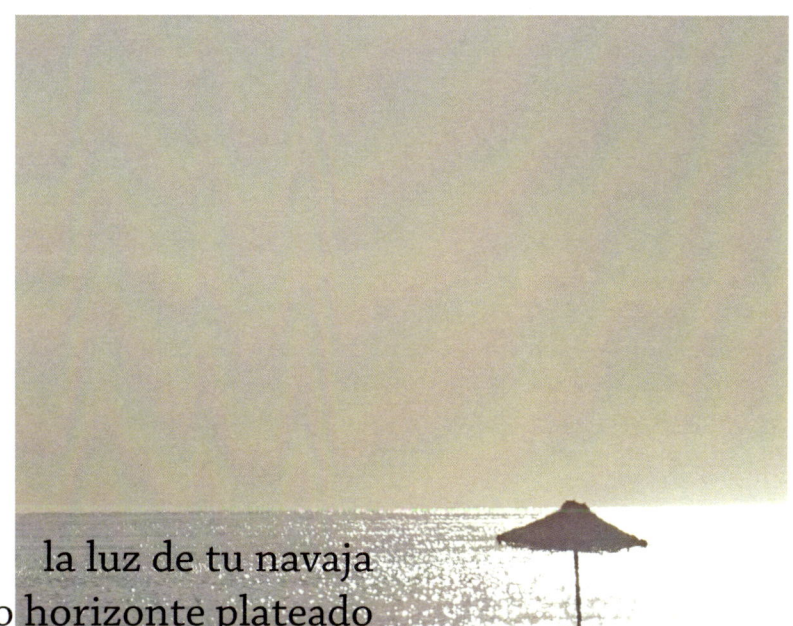

la luz de tu navaja
rasgó nuestro horizonte plateado

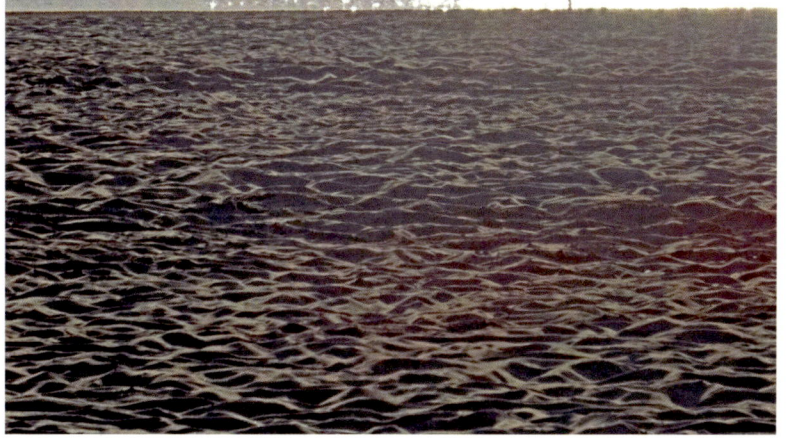

cuando te vi mirar
olvidé tu eterna memoria

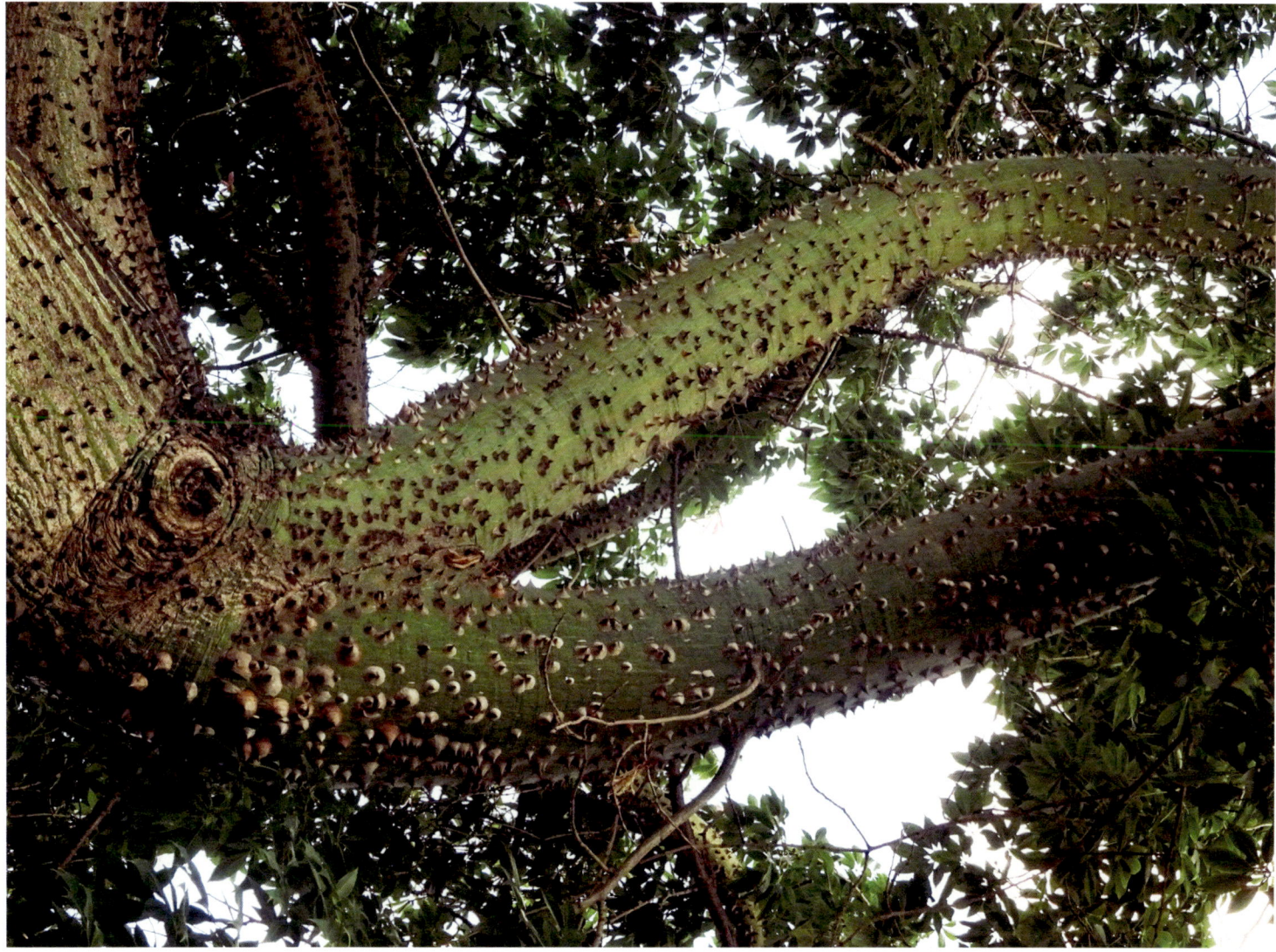

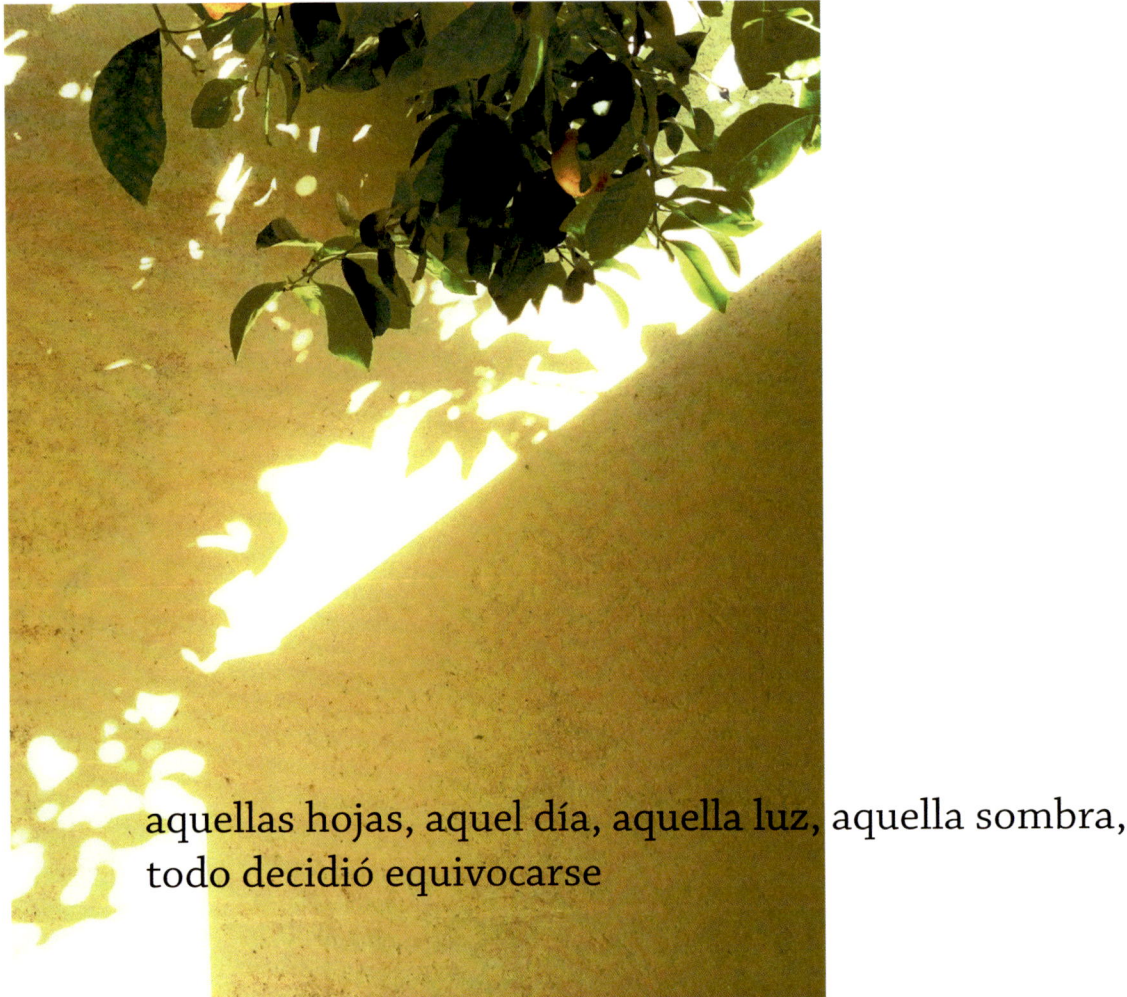

aquellas hojas, aquel día, aquella luz, aquella sombra,
todo decidió equivocarse

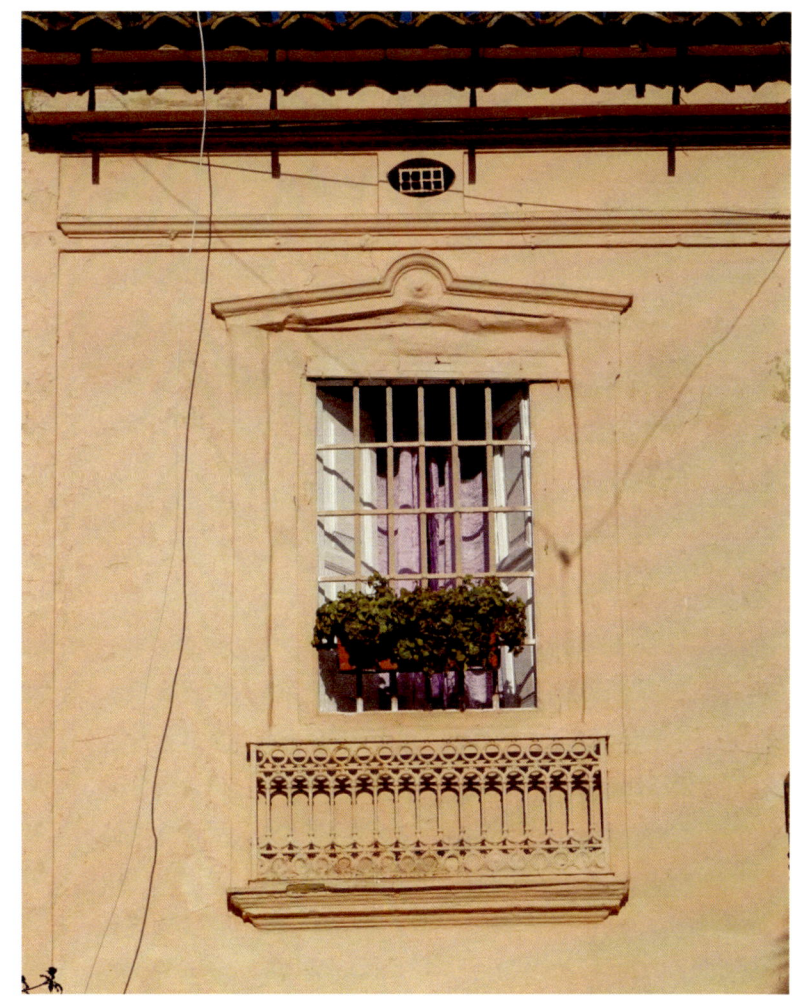

aquella ausencia nuestra
se deslizó por la pared vacía

en ese cruce de miradas
la cámara logró conservar el misterio

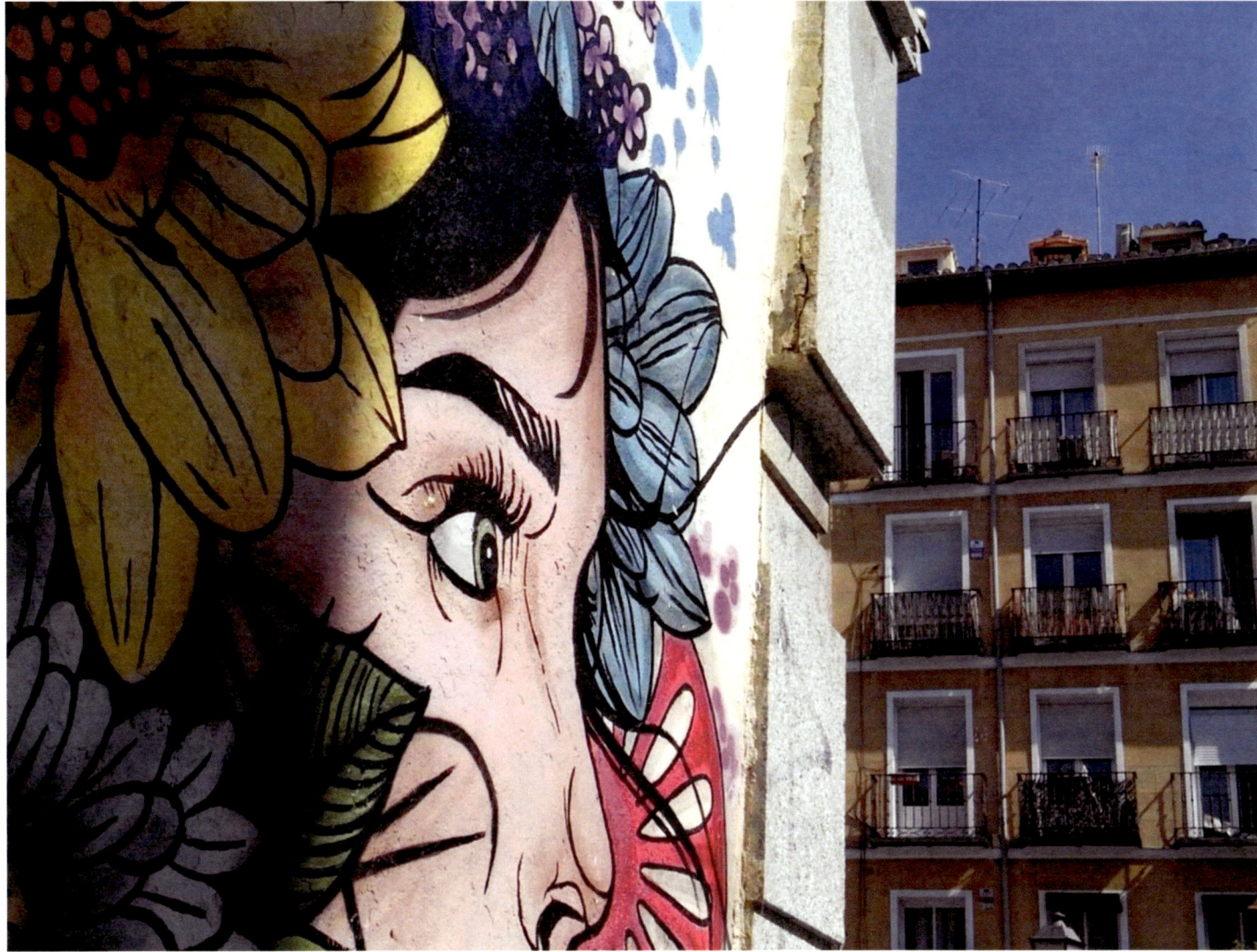

aquel silencio, amenazaba
con ser eterno

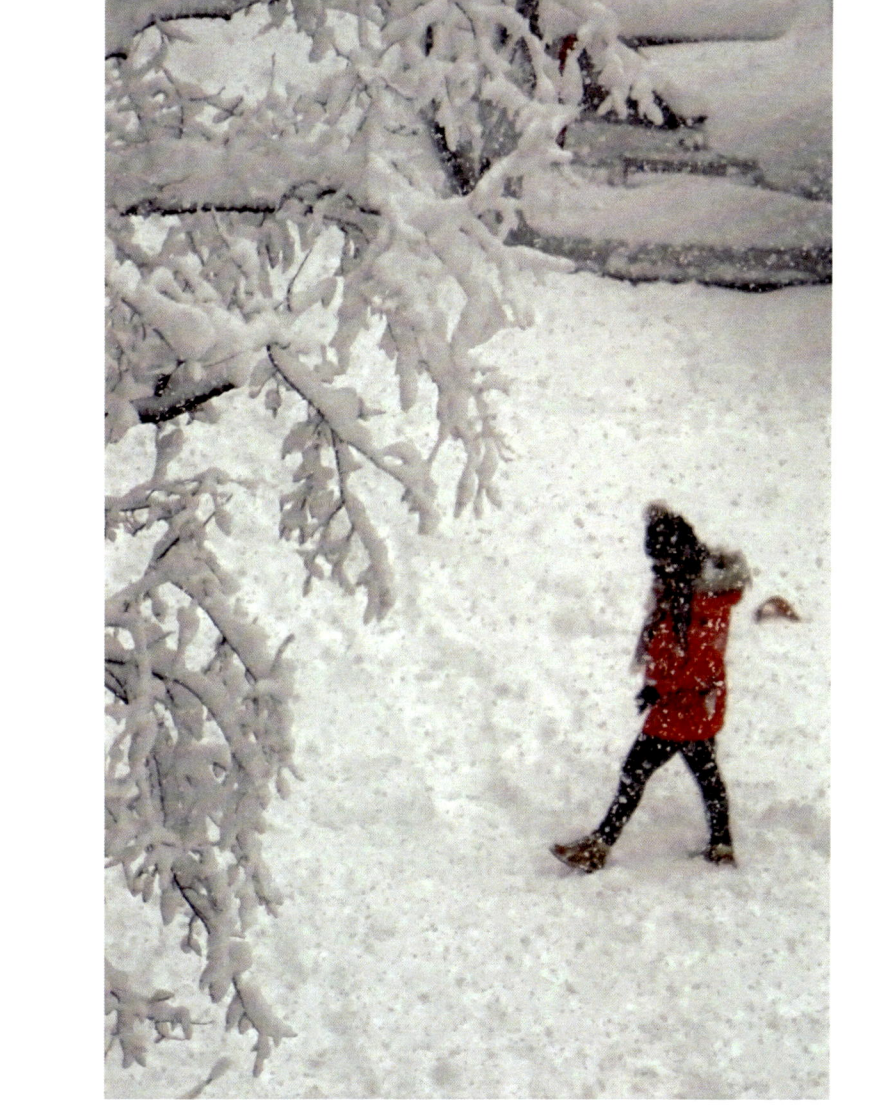

creímos que podíamos hacerlo
y sin embargo
el tiempo se adueñó de aquel jardín

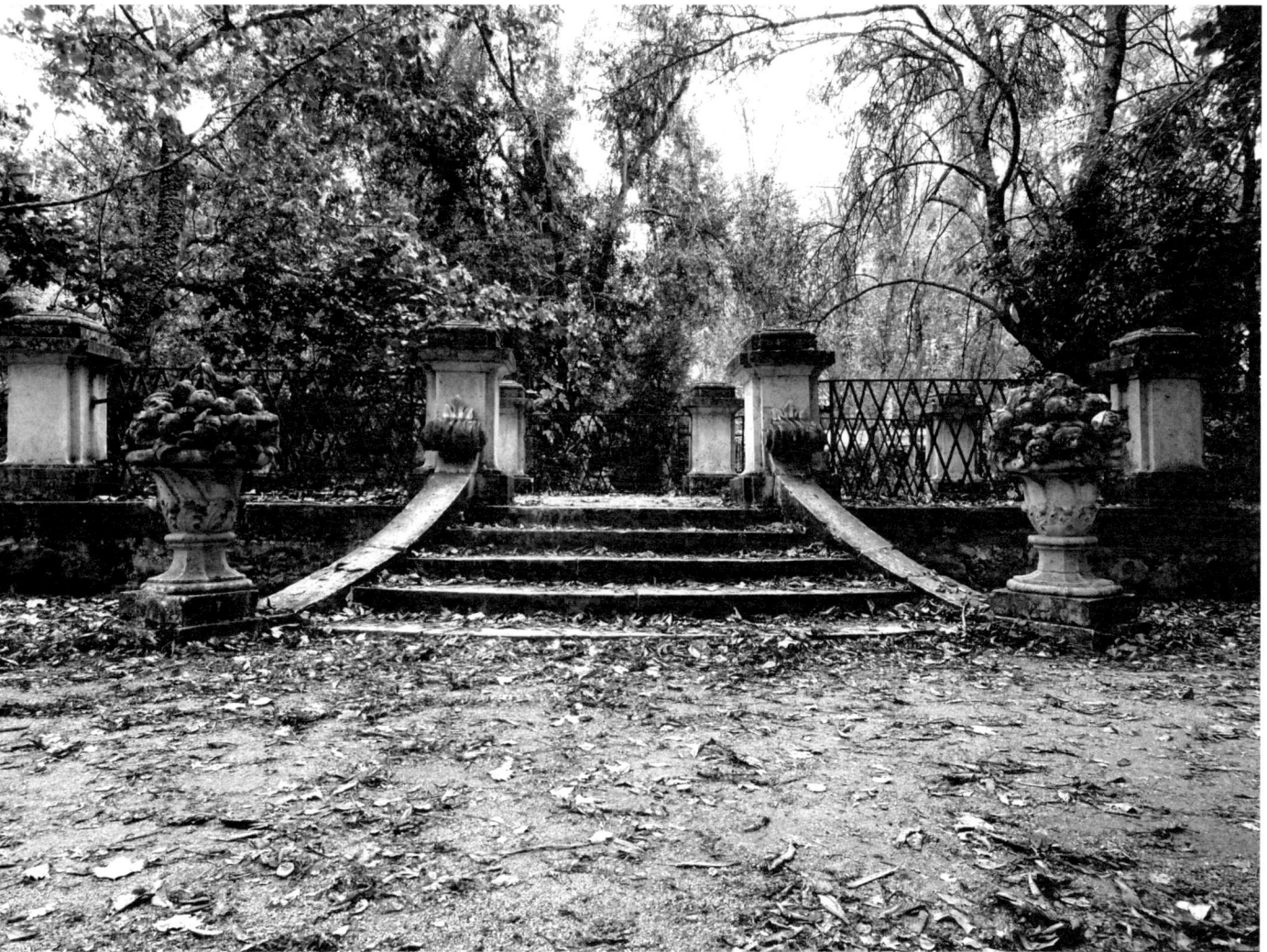

y tú, amarilla y altiva,
corona de colores, dibujas el éter

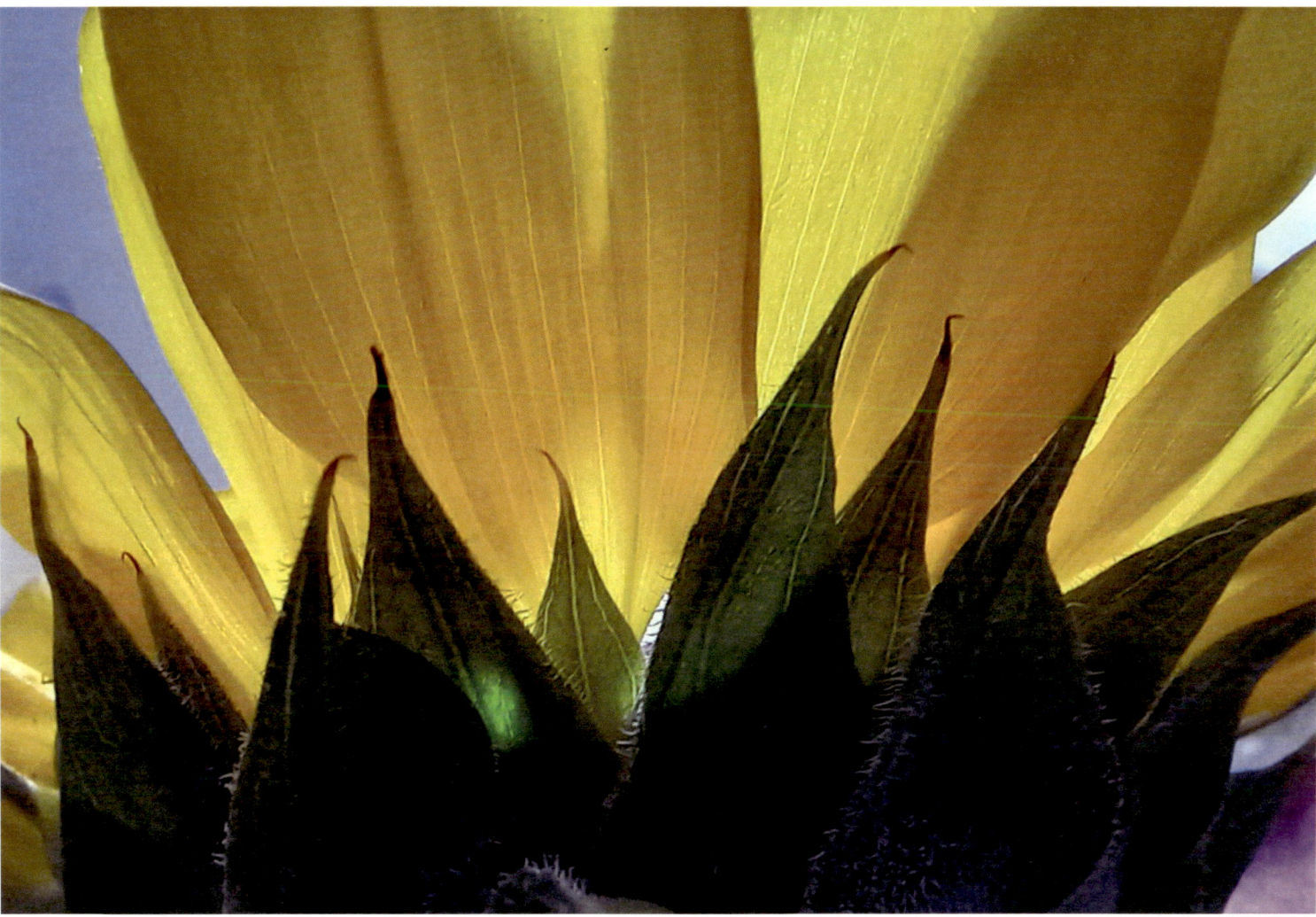

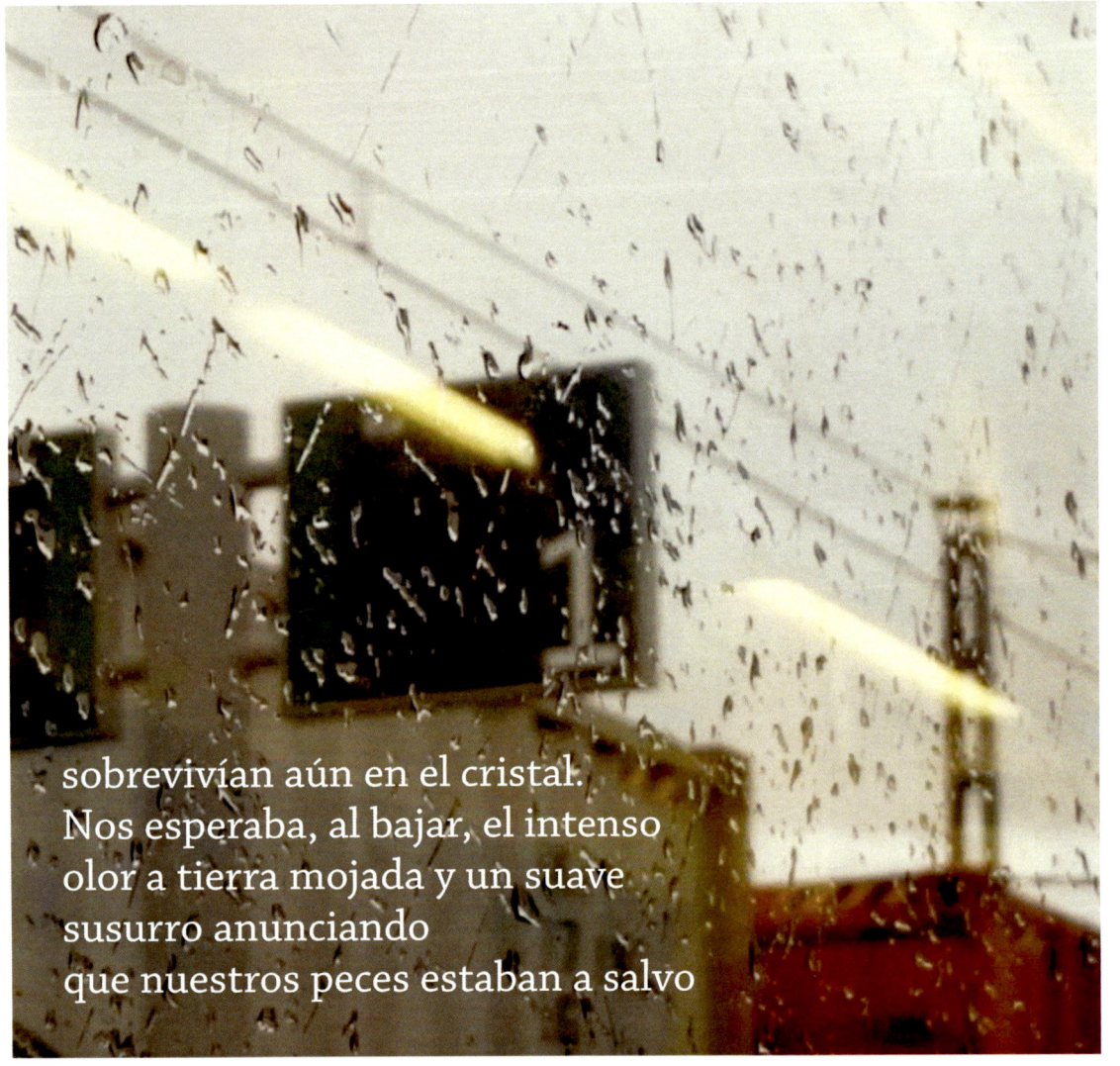

sobrevivían aún en el cristal.
Nos esperaba, al bajar, el intenso
olor a tierra mojada y un suave
susurro anunciando
que nuestros peces estaban a salvo

allí acostumbraban a mirar
la geometría de la luz

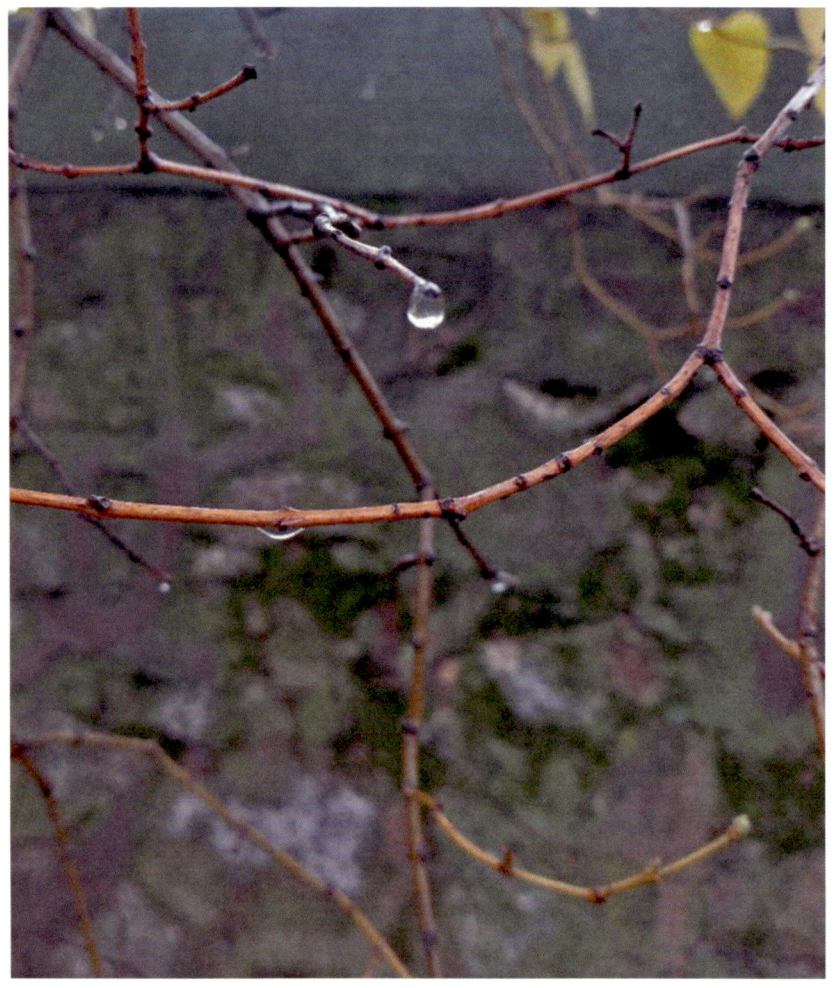

hay un instante siempre antes,
donde confiamos en la belleza

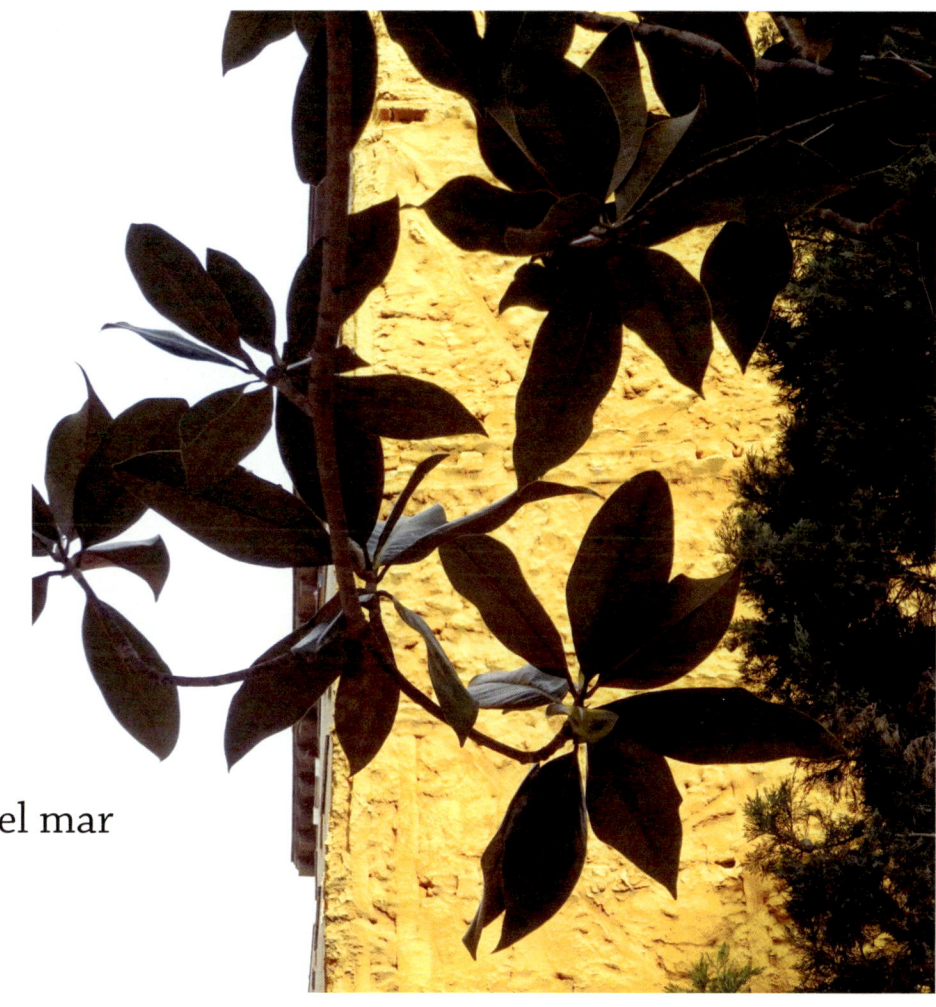

penumbra de mis hojas,
ojos que buscan vanamente el mar
y aquella muerte en vuelo

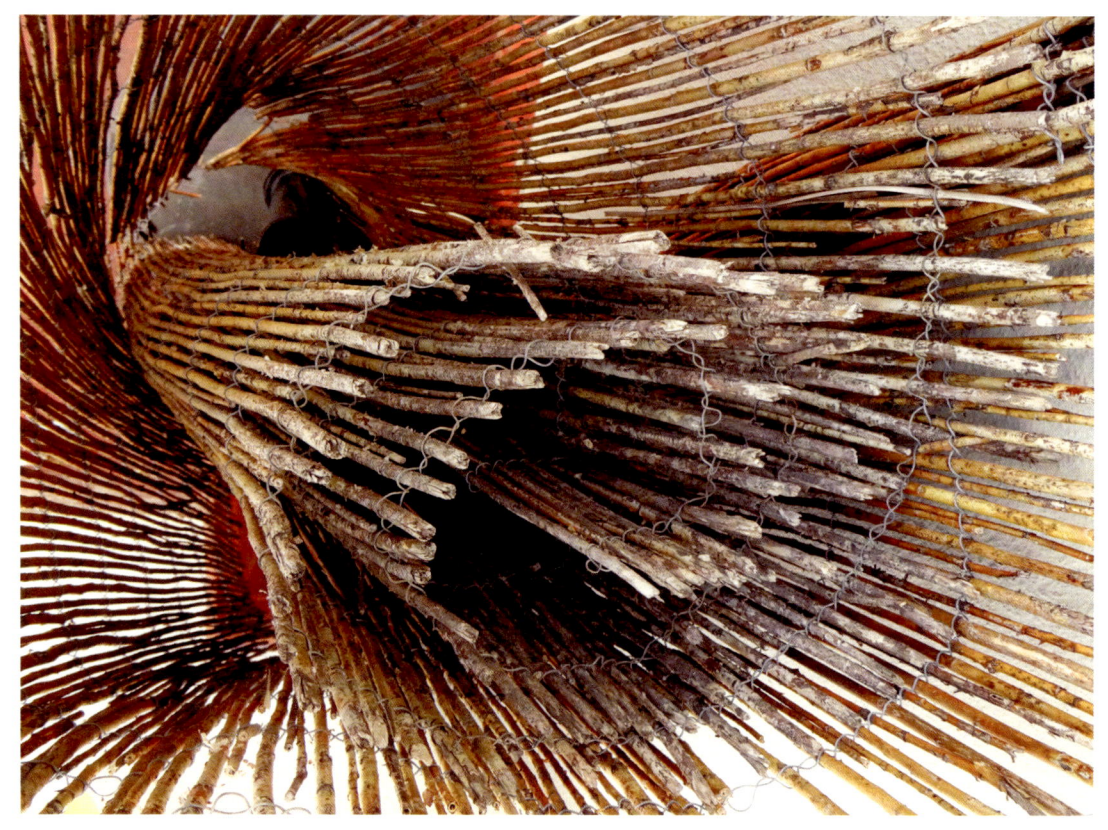

volver, a veces, no es posible, hemos
envuelto nuestro rumbo demasiado

mirar con la paciencia suficiente
la lucha por nacer entre las grietas
y esa belleza siempre del pasado

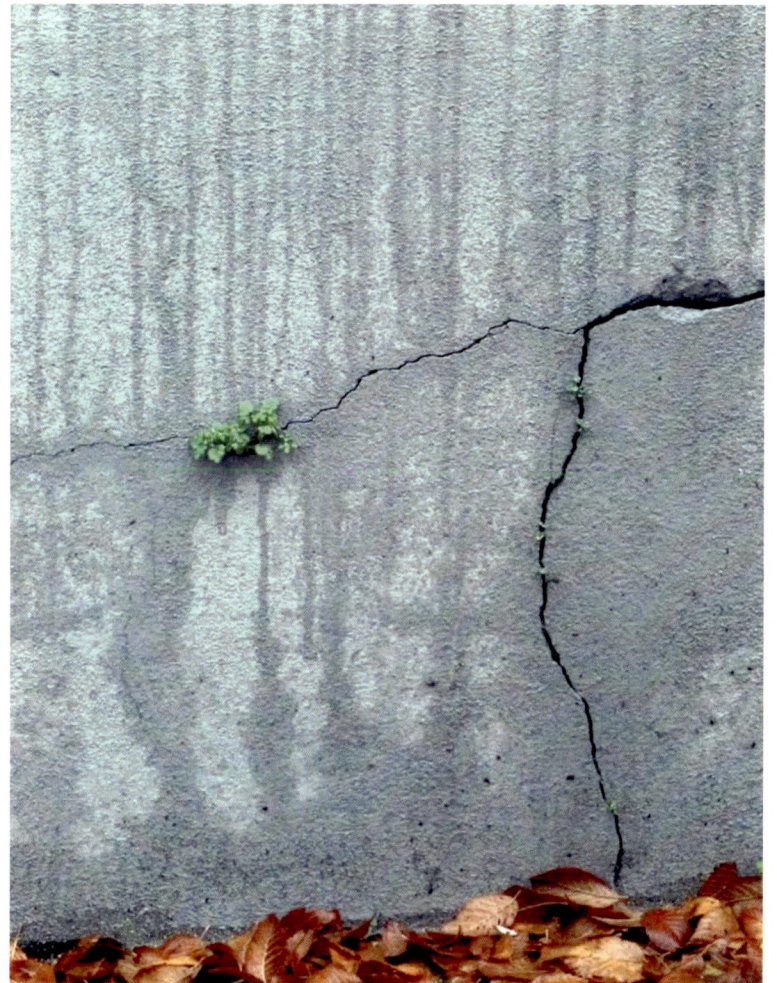

almas nacientes frente aquel ocaso
de la piedra convertida en esclava

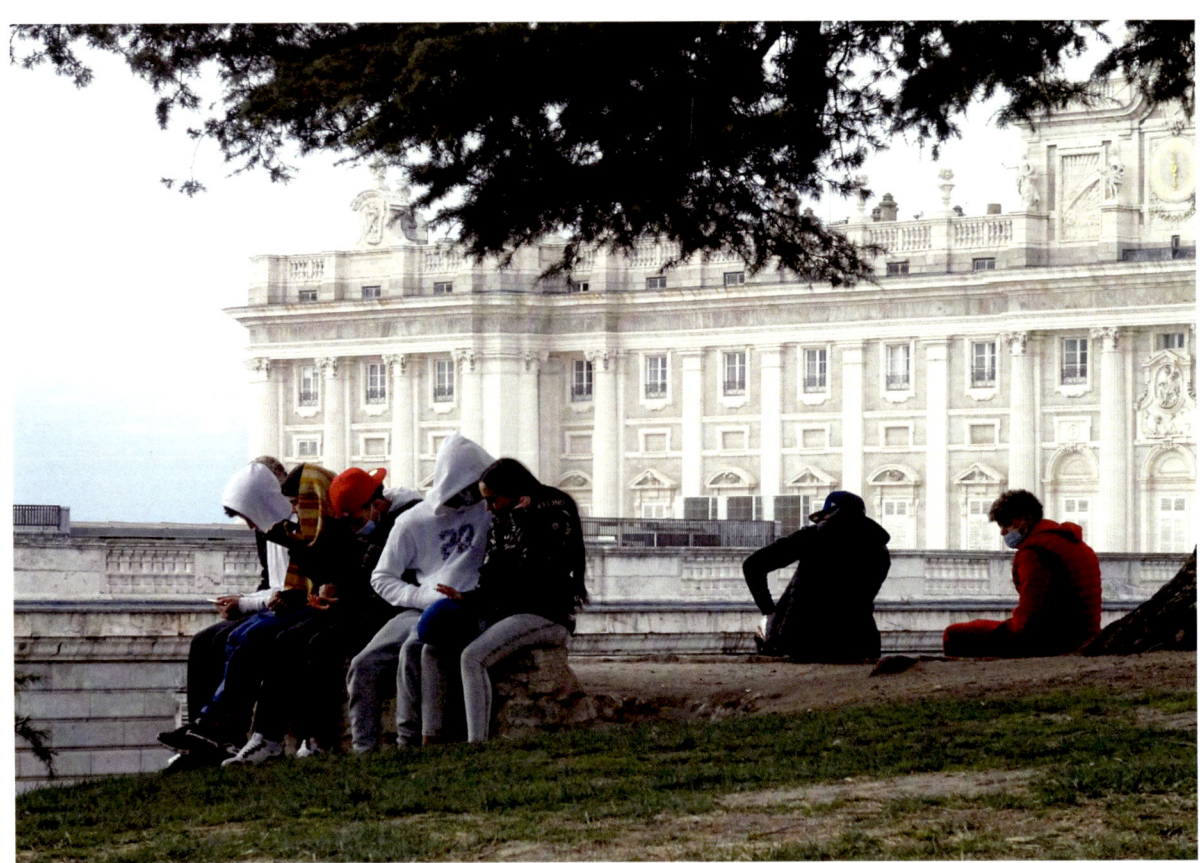

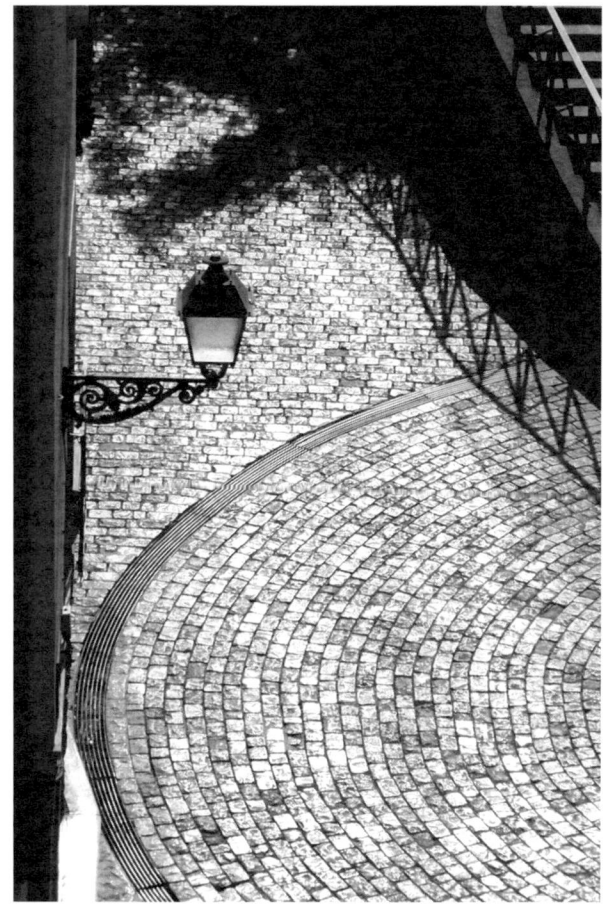

pensó en aquellas horas cuando la luz ganaba
siempre a la penumbra

me conmueve sentir el tiempo detenido

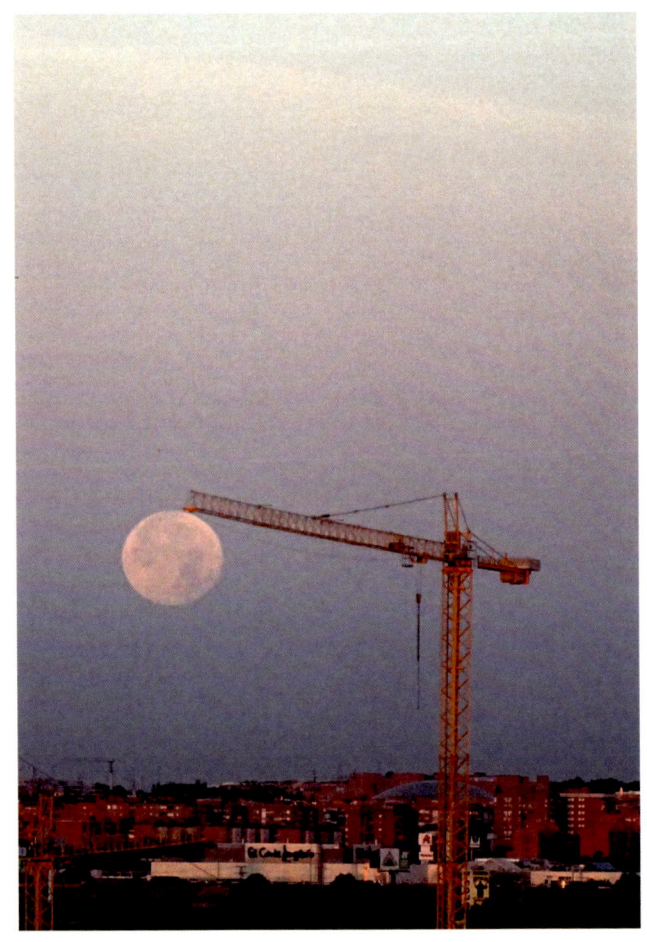

siempre son los días, siempre la hoguera,
y allí el tiempo arde

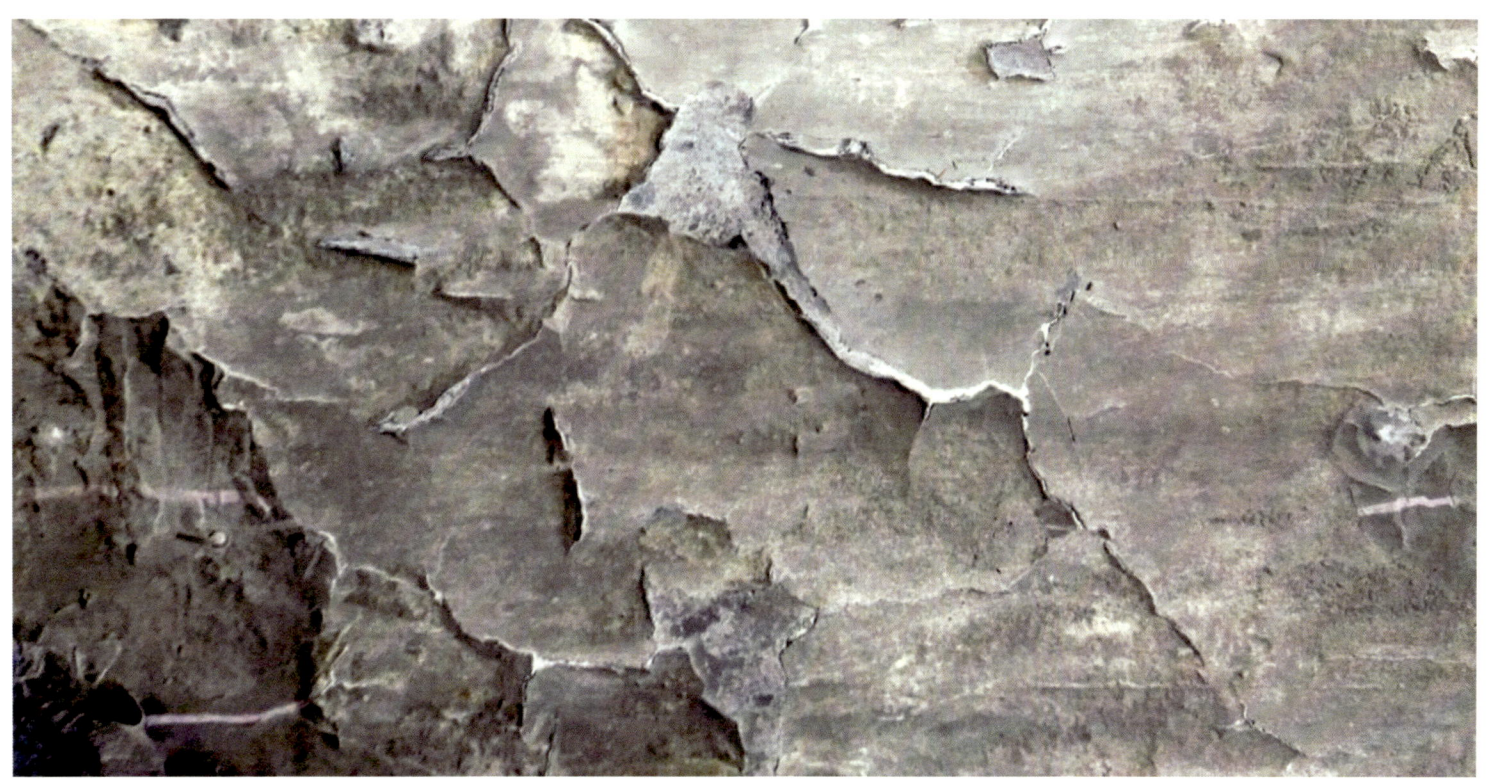

con la paciencia de la luz aprendió
la llegada del día

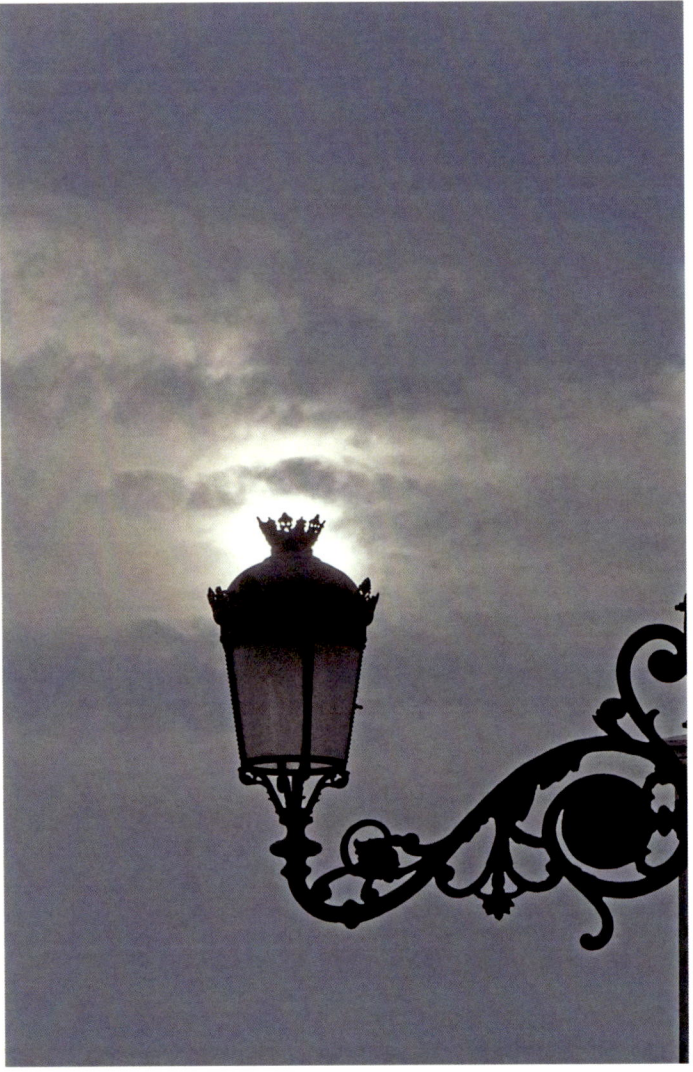

los días chocan contra el cielo mientras
diluvia ausencia sobre nuestras alas

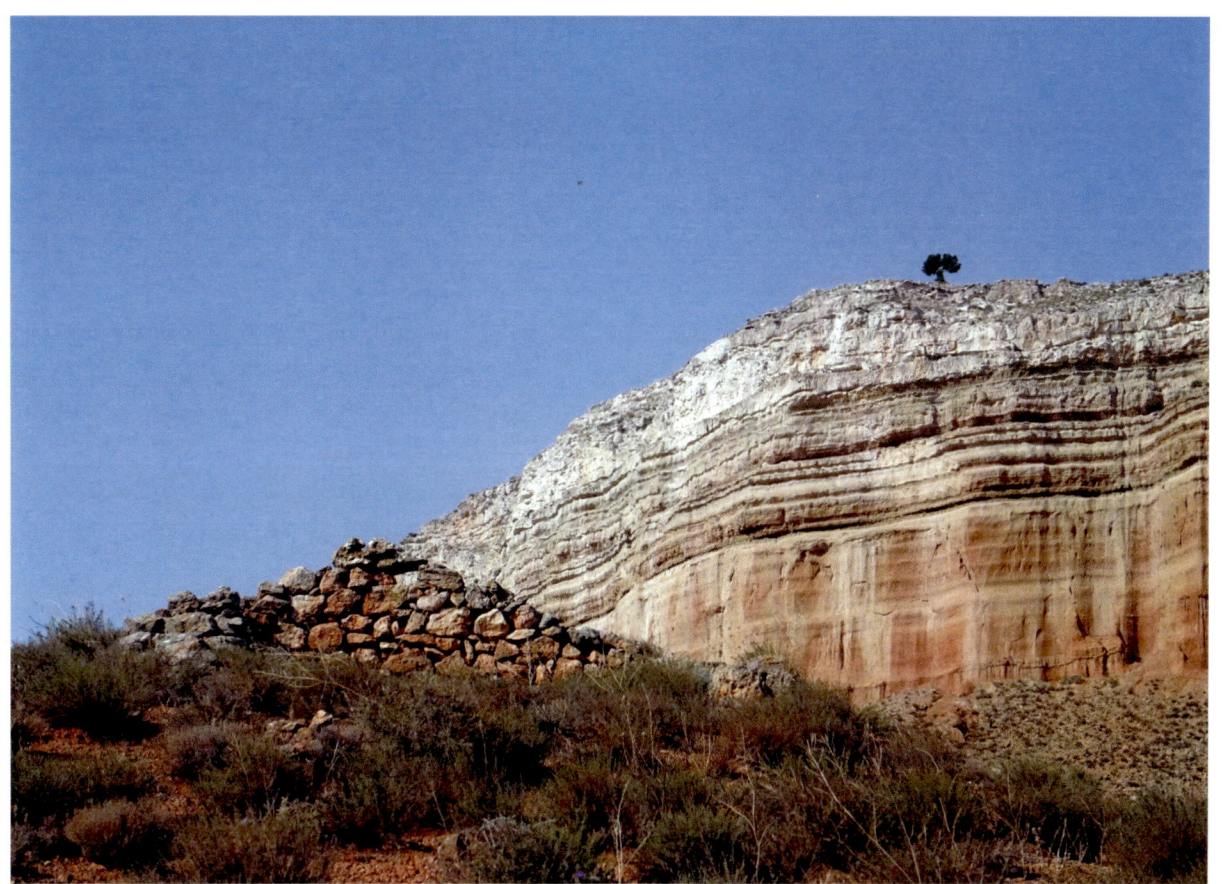

perdonad mi deseo de correr,
antes de miraros,
a través de los campos de amapolas,
sangre de Perséfone. Quería disfrutar
de mi mirada ocre

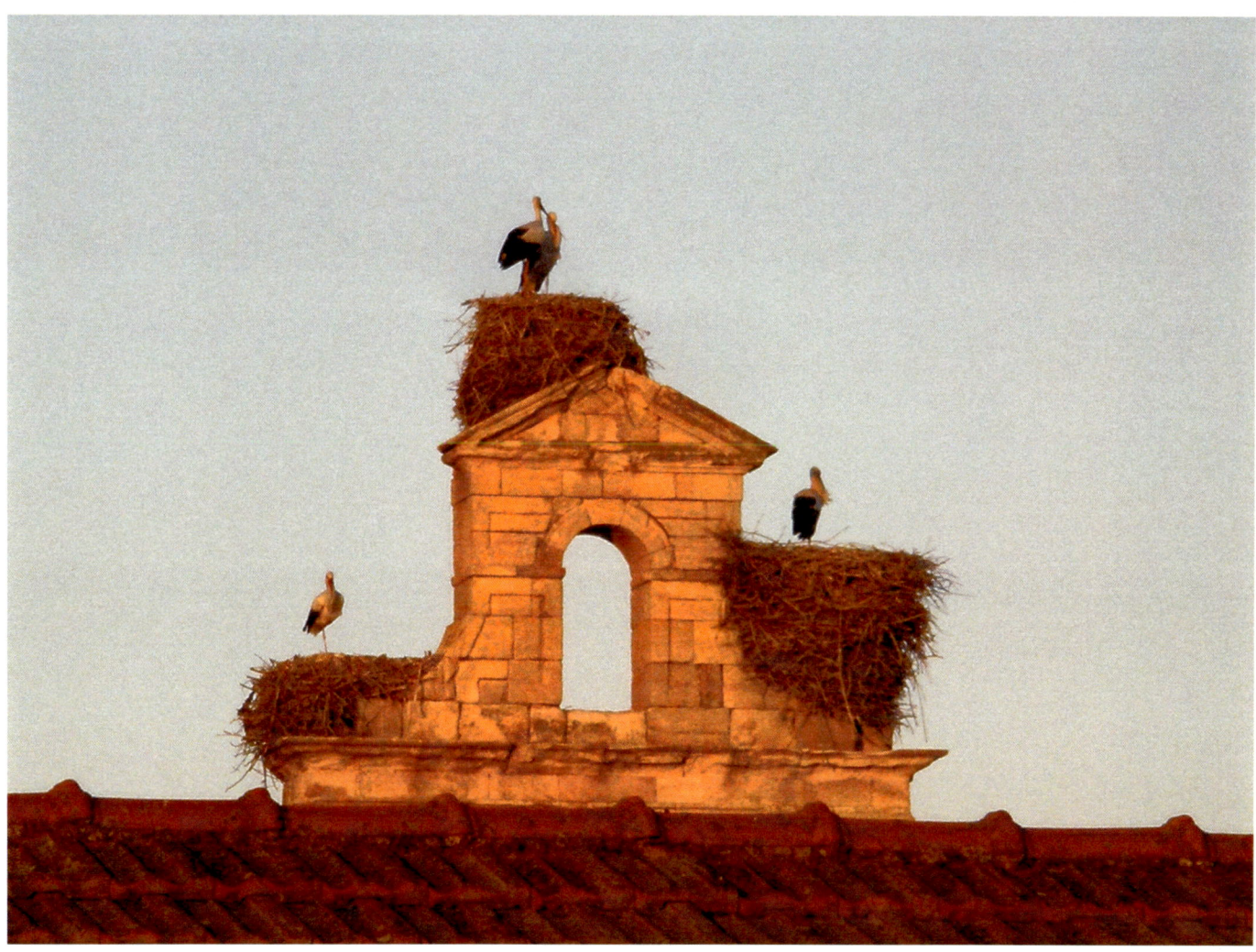

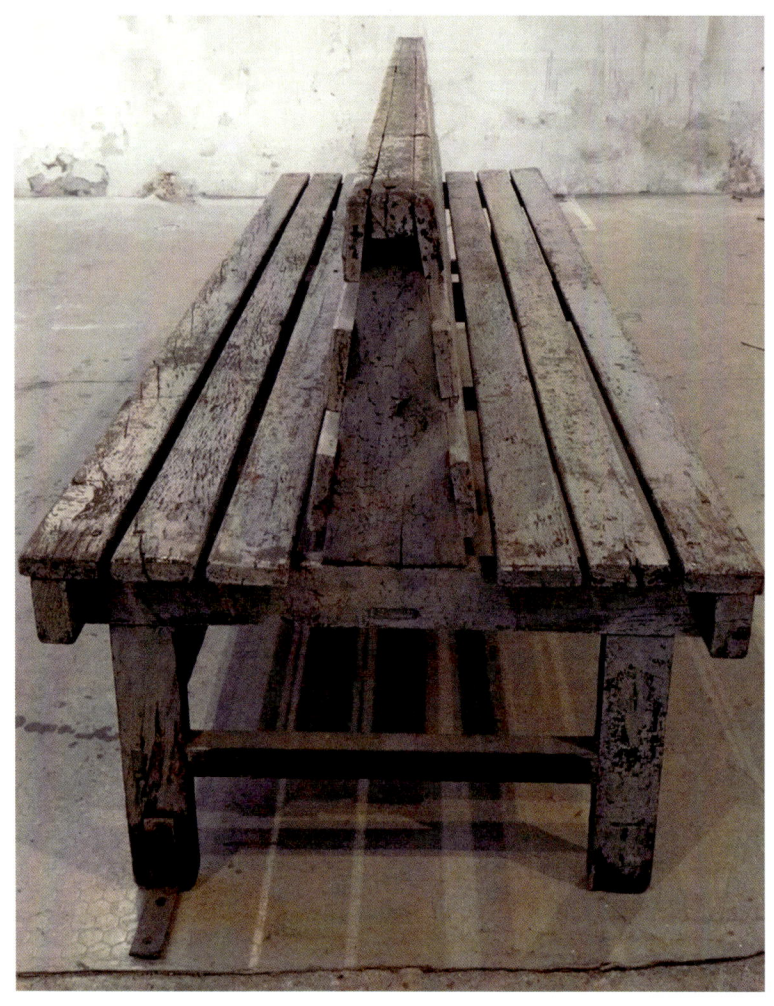

en aquel banco anclado
se conservaba sórdida la sombra

has decidido practicar el aire
con esa libertad lenta y tranquila
yo, mientras miro, lloro tu materia

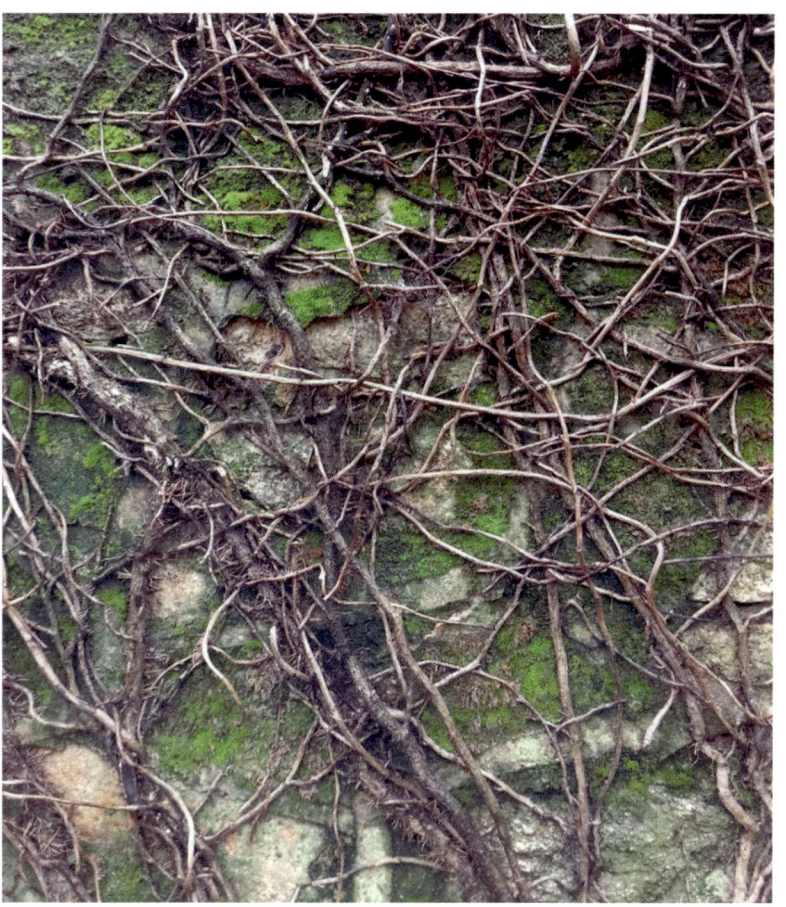

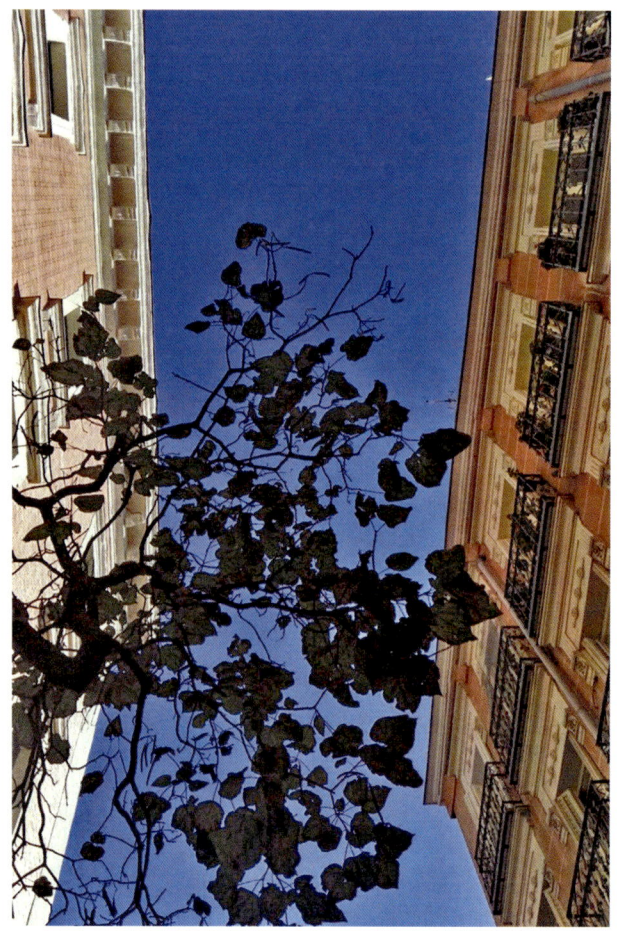

la sencillez del árbol transformaba el paisaje

parecían momentos inmóviles
pero estaban llenos
de belleza húmeda

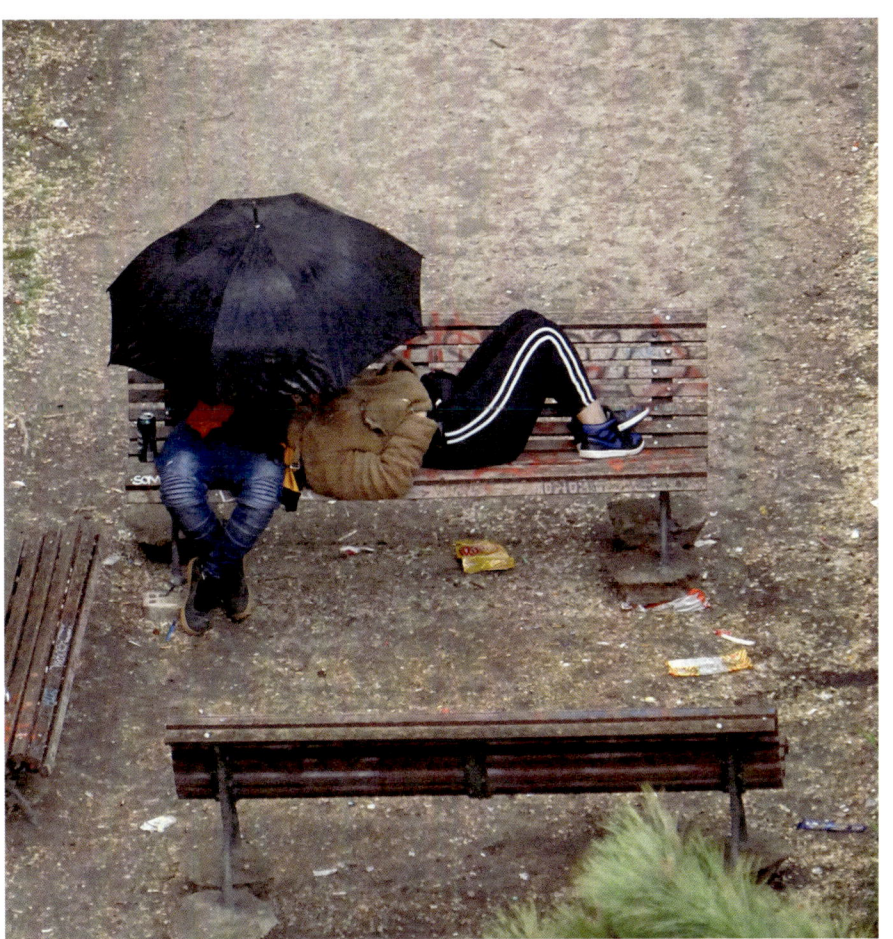

hermoso pentagrama, conseguiste
pararte y perder el equilibrio

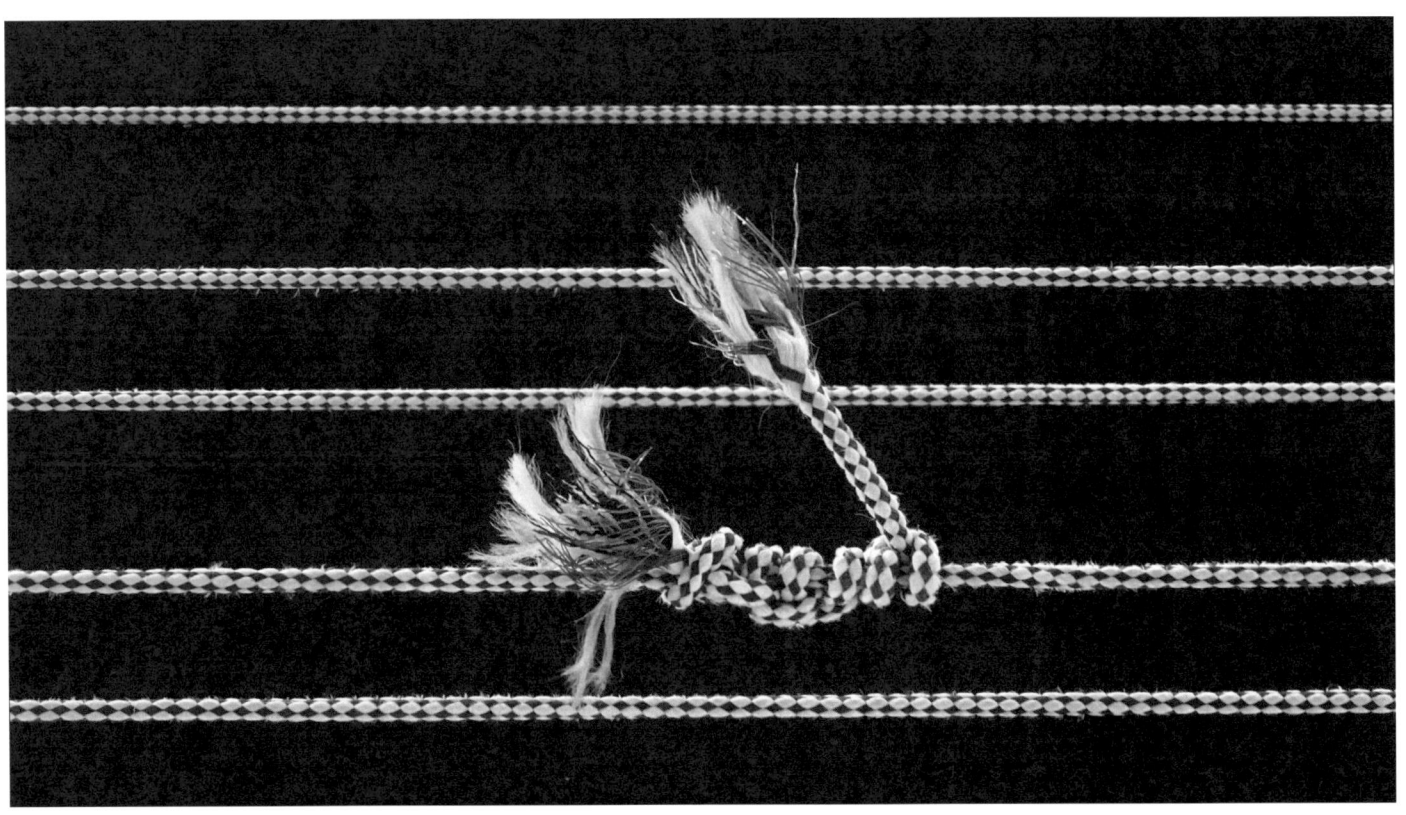

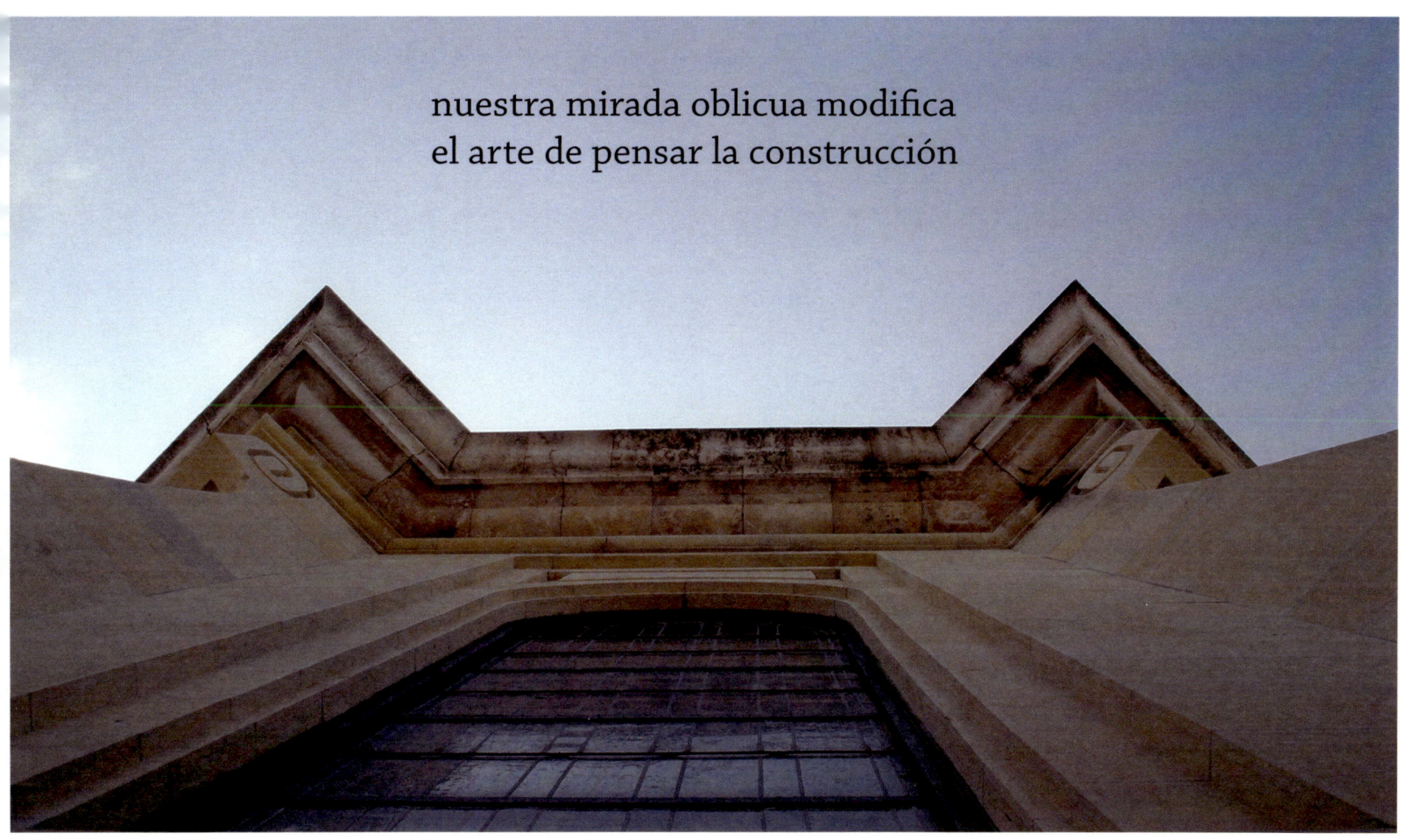

nuestra mirada oblicua modifica
el arte de pensar la construcción

aquella melodía de tus dedos
rota por el sonido del hambre

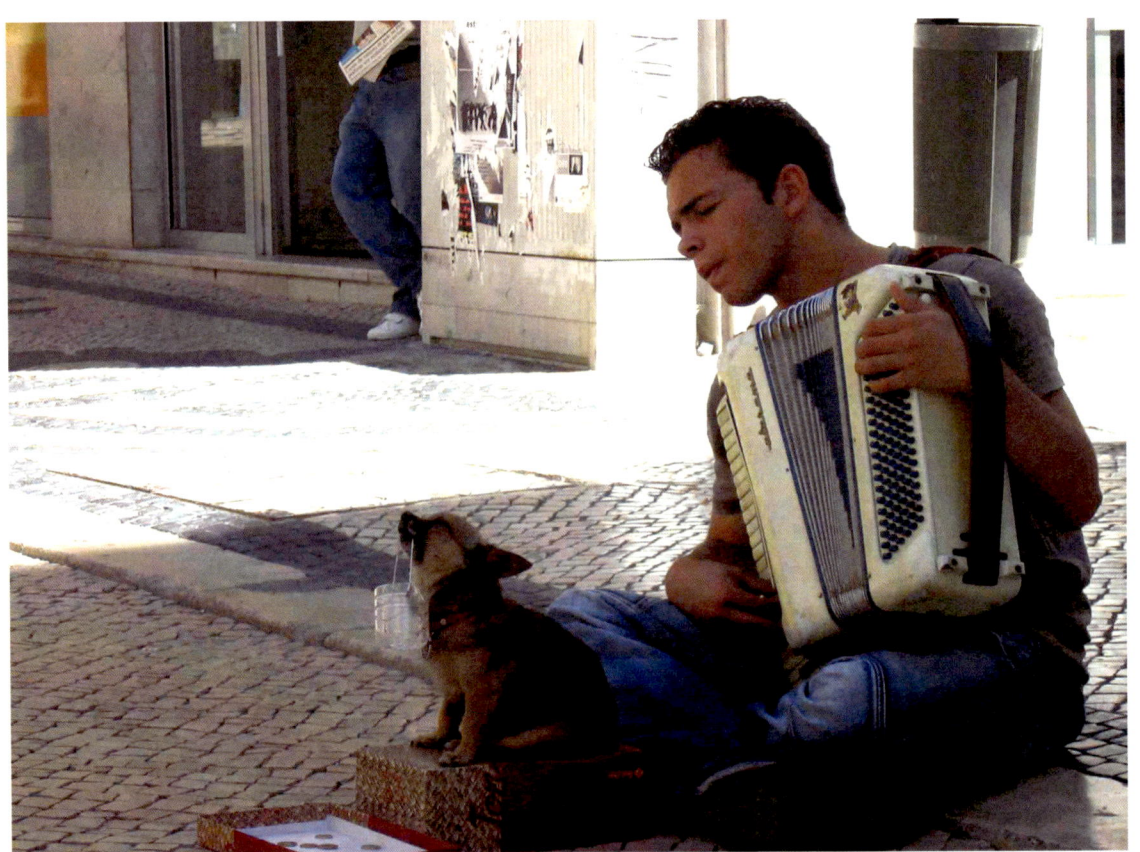

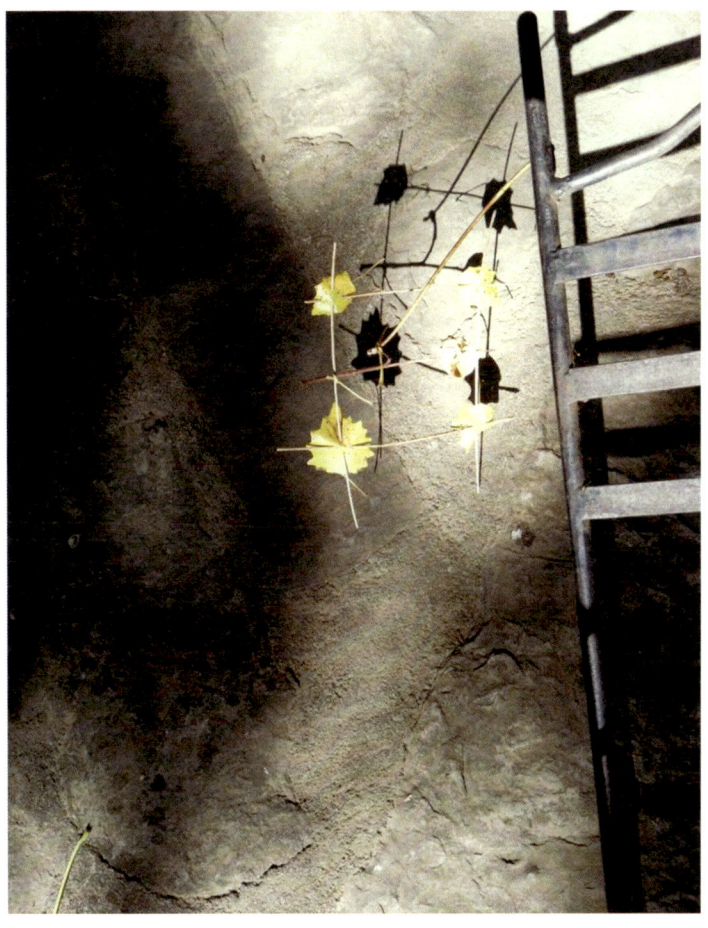

la luz genera sombras que ya no nos conciernen

arden los campos
y el acebo lo sabe, por eso nos protege
conservando la luz de las ideas

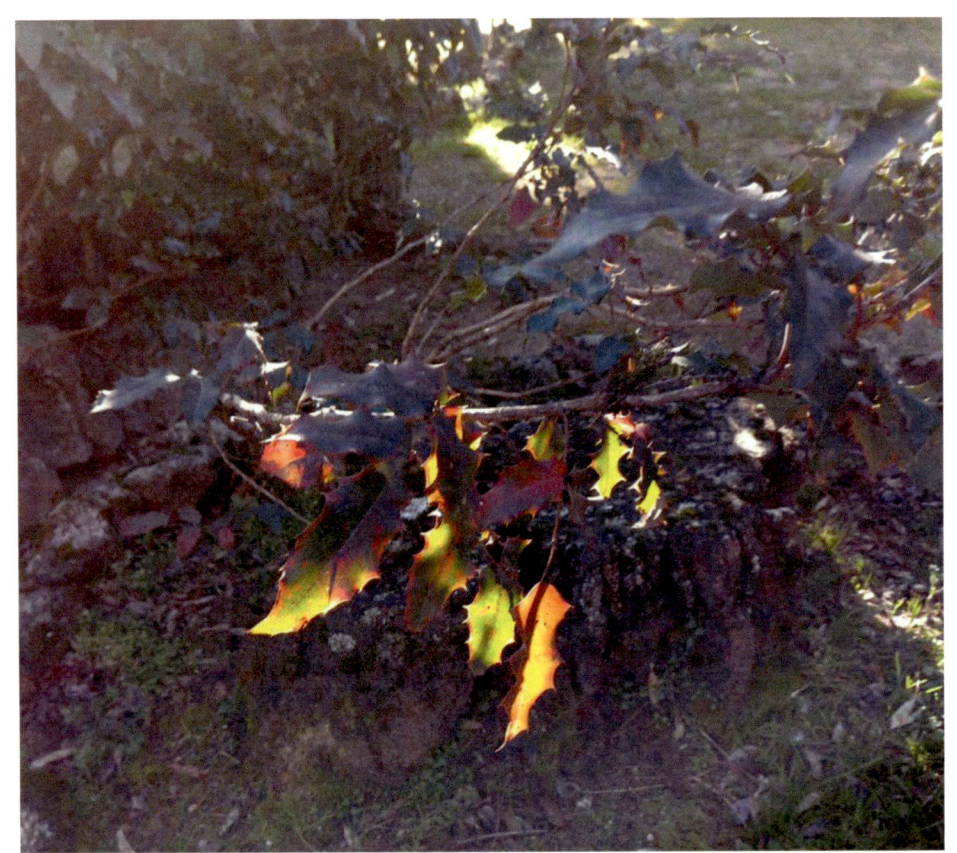

en la memoria rota, de los días extraños,
nuestros recuerdos cristalizan siempre
desordenadamente

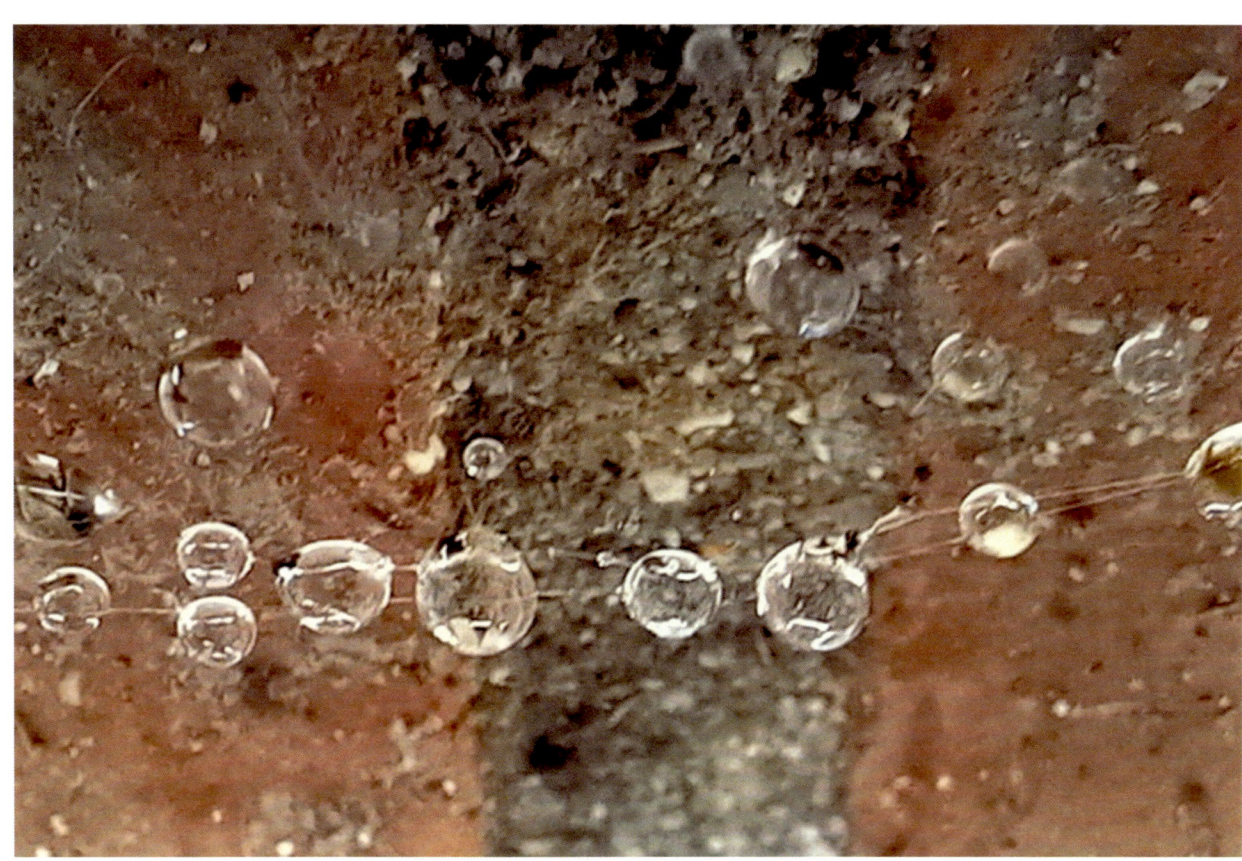

la voz de aquel destino se extravió
y tropezó con el pájaro oscuro

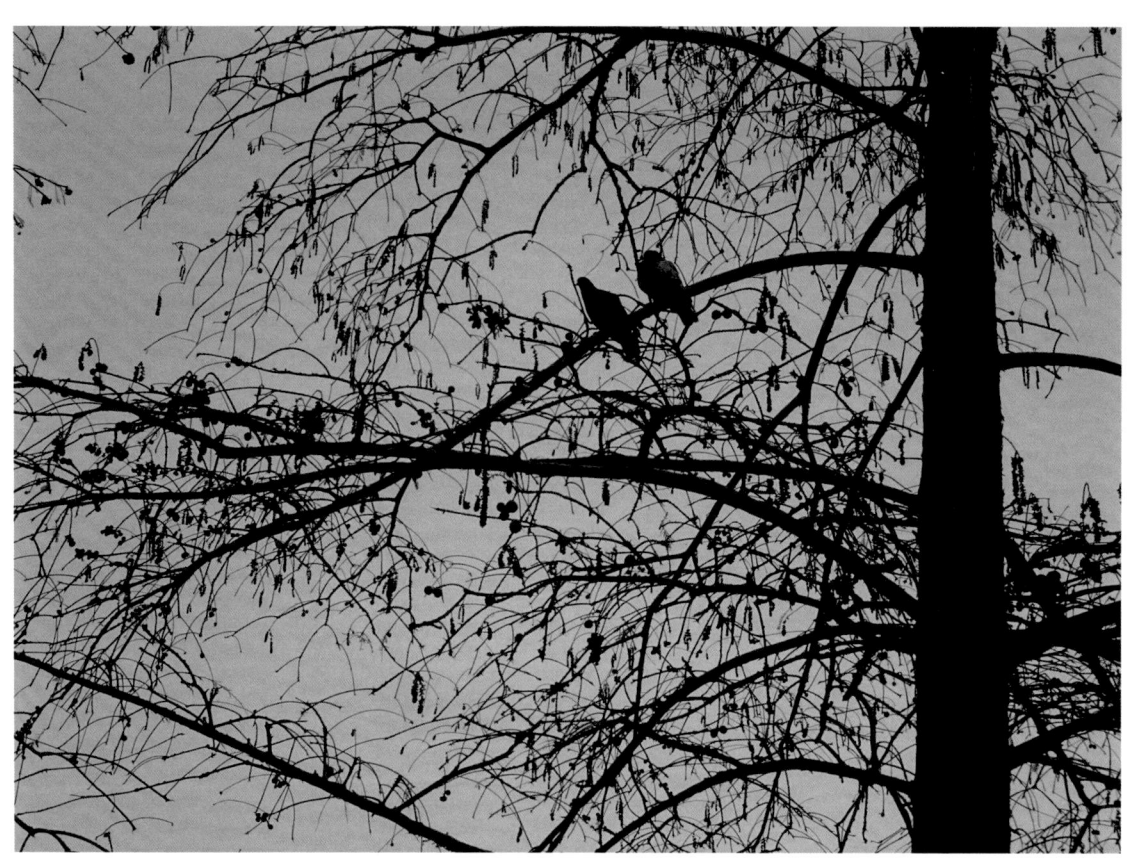

el desorden moral yace en el fondo
de «El Gran Verde».

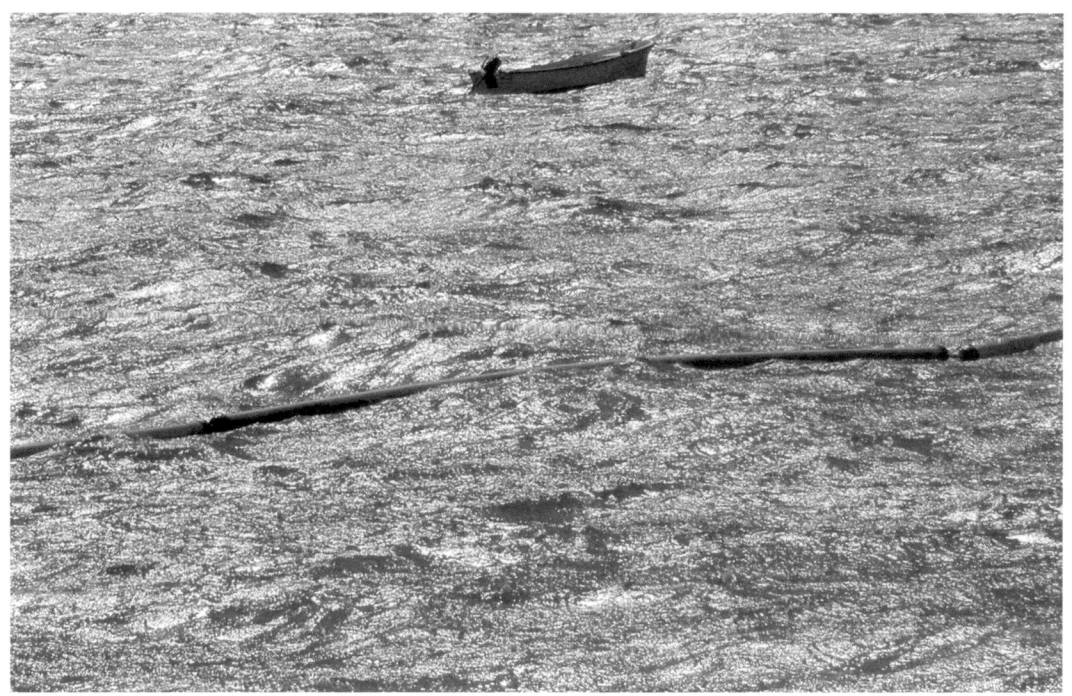

El regreso de la barca vacía
nos advierte que despertarán
para enseñarnos hablar

había terminado el tiempo
de todas las cerezas, la esperanza caía.
De nuevo el otoño
volvía lleno de nueces y tiempo

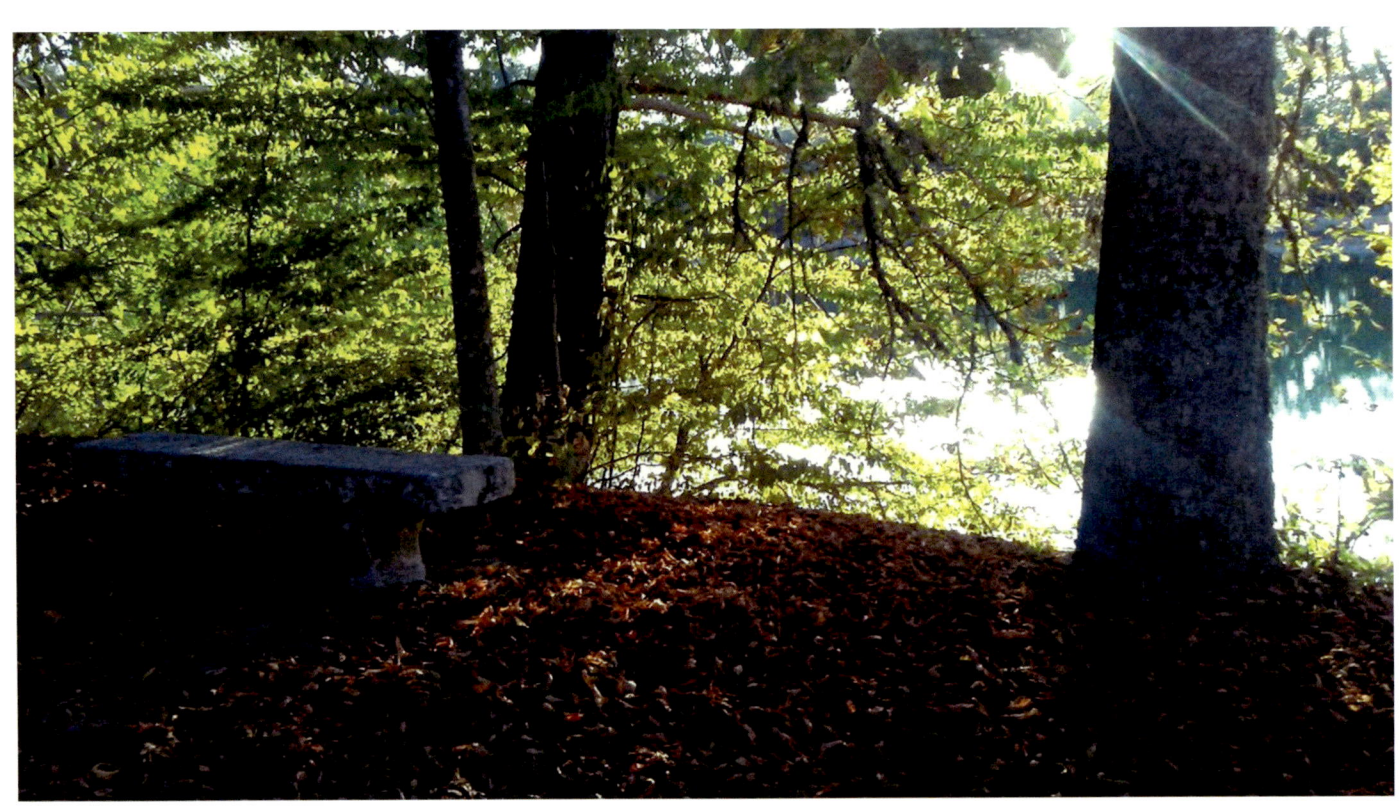

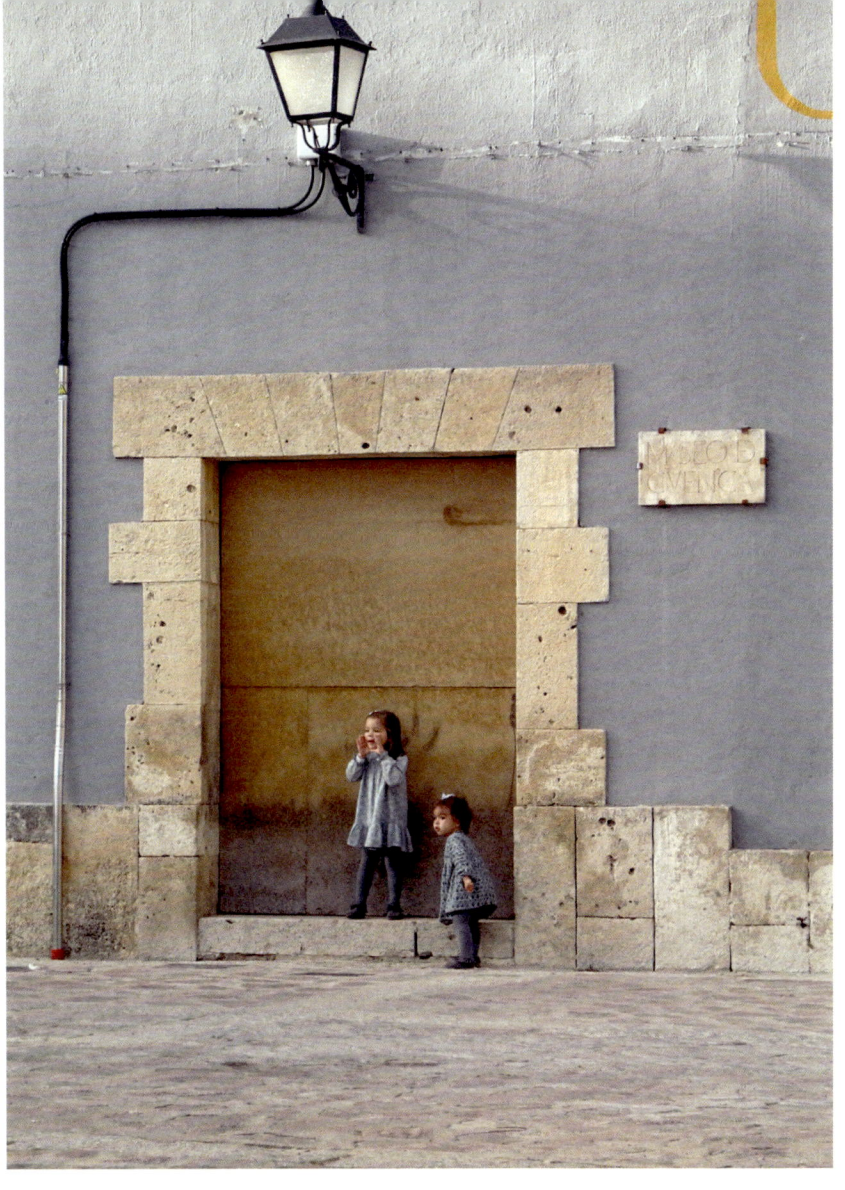

en el ayer de nuestro origen
ya éramos gentiles giróvagas
buscando sonidos,
mirando el nombre
de todas las cosas

Acabose de imprimir esta
primera edición de
*FABRICABA ESPEJOS
Y LAS CALLES SE MULTIPLICABAN,*
de MARÍA TORVISCO Y MARISA AMADOR,
el 25 de noviembre de 2025,
para conmemorar el aniversario del nacimiento de
LOPE DE VEGA

*A mis soledades voy,
de mis soledades vengo,
porque para andar conmigo
me bastan mis pensamientos.*

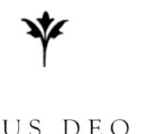

LAUS DEO